Aus dem Programm Huber: Psychologie Forschung

Wissenschaftlicher Beirat:
Prof. Dr. Theo Herrmann, Mannheim
Prof. Dr. Kurt Pawlik, Hamburg
Prof. Dr. Meinrad Perrez, Freiburg (Schweiz)
Prof. Dr. Hans Spada, Freiburg i. Br.

Peter Rossmann

Depressions- diagnostik im Kindesalter

Grundlagen, Klassifikation
Erfassungsmethoden

Verlag Hans Huber
Bern Stuttgart Toronto

Die Deutsche Bibliothek – CIP-Einheitsaufnahme
Rossmann, Peter:
Depressionsdiagnostik im Kindesalter : Grundlagen,
Klassifikation, Erfassungsmethoden / Peter Rossmann. – 1.
Aufl. – Bern ; Stuttgart ; Toronto : Huber, 1991
  (Huber-Psychologie-Forschung)
  ISBN 3-456-82066-6

1. Auflage 1991
© 1991 Verlag Hans Huber, Bern
Druck: AZ Druckhaus, Kempten/Allgäu
Printed in Germany

Inhaltsverzeichnis

	Vorwort..	7
1.	Einleitung..	9
2.	Zur Symptomatologie depressiver Störungen bei Kindern..	13
2.1.	Frühe konzeptuelle Ansätze.............................	13
2.2.	Aktuelle Entwicklungen...................................	19
3.	Diagnostische Kriterien und Ansätze zur Klassifikation depressiver Störungen im Kindesalter...	25
3.1.	Spezielle diagnostische Kriterien.....................	25
3.2.	Diagnosekriterien im Rahmen operational definierter Klassifikationssysteme....................	28
3.3.	Zur Validität der nosologischen Kategorien......	39
3.3.1.	Prävalenz...	40
3.3.2.	Komorbidität..	43
3.3.3.	Familiäre Häufung...	45
3.3.4.	Ansprechen auf antidepressive Medikation.......	46
3.3.5.	Verlauf...	47
3.3.6.	Biologische und psychosoziale Auffälligkeiten..	50
3.3.7.	Zusammenfassende Einschätzung....................	50

4.	Methoden zur Erfassung depressiver Verstimmungszustände bei Kindern	55
4.1.	Klinisch-psychiatrische Ratingskalen und Interviews	58
4.2.	Fragebogenverfahren	70
4.2.1.	Fremdsprachige Fragebögen	74
4.2.1.1.	Children's Depression Scale CDS	74
4.2.1.2.	Depression Self Rating Scale DSRS	82
4.2.1.3.	Peer Nomination Inventory of Depression PNID	87
4.2.1.4.	Center for Epidemiological Studies Depression Scale for Children CES-DC	95
4.2.1.5.	Children's Depression Inventory CDI	99
4.2.1.6.	Weitere fremdsprachige Fragebögen	110
4.2.1.7.	Selbstbeurteilungsskalen für Jugendliche	112
4.2.2.	Entwicklungen in deutschsprachigen Ländern	113
4.2.2.1.	Der Fragebogen von Lienert & Kohnen (1978)	115
4.2.2.2.	Deutsche Versionen des Children's Depression Inventory CDI	118
4.2.2.3.	Der Depressionstest für Kinder DTK	125
5.	Zusammenfassende Betrachtungen und Ausblick auf künftige Entwicklungen	128
	Literatur	138
	Autorenregister	166
	Sachregister	174

Vorwort

Auch bei Kindern können depressive Zustandsbilder auftreten. Erstaunlicherweise rückte diese Tatsache erst während des letzten Jahrzehnts deutlicher in den Blickpunkt des Interesses der Fachöffentlichkeit. In diesem Zusammenhang ergaben sich sowohl aus praktischer wie auch aus theoretischer Sicht zahlreiche Fragen in bezug auf die Entstehung, Erkennung, Behandlung und Prävention. Inzwischen kann der an den entsprechenden Antworten Interessierte auch bereits auf eine stattliche Anzahl empirischer Forschungsergebnisse zurückgreifen, die allerdings hauptsächlich im anglo-amerikanischen Raum erarbeitet wurden. Jedoch bleiben trotz verstärkter Forschungsbemühungen immer noch zahlreiche Fragen unbeantwortet.

Die vorliegende Monographie soll den speziellen Aspekt der Diagnostik depressiver Zustandsbilder im Kindesalter genauer beleuchten. Es versteht sich von selbst, daß bei einer gründlichen Beschäftigung mit diagnostischen Fragen nicht bloß die praktische Durchführung einer kinderpsychiatrischen oder -psychologischen Untersuchung diskutiert werden kann, sondern darüber hinaus auch grundsätzliche Probleme der Symptomatologie, der Klassifikation und der meßtheoretischen Grundlagen angeschnitten werden müssen. In diesem Buch soll nun einerseits ein Überblick über den aktuellen Stand der Diskussion in bezug auf die vorhandenen theoretischen Ansätze erarbeitet werden und andererseits soll auch über die derzeit zur Verfügung stehenden Erfassungsmethoden psychiatrischer und psychologischer Provenienz und über die bislang damit gesammelten Erfahrungen informiert werden.

Mögen sich die aus der vorliegenden Arbeit ergebenden Schlußfolgerungen sowohl für die praktische Arbeit mit Kindern, die professioneller Hilfe bedürfen, als nützlich erweisen, wie auch einen Beitrag zur theoretischen Orientierung der wissenschaftlichen Forschung darstellen.

Ich möchte an dieser Stelle nicht versäumen, all den Fachkollegen und Freunden zu danken, die mir bei der Entstehung dieser Arbeit mit Rat und Tat zur Seite gestanden haben.

Mein besonderer Dank gilt dabei meiner akademischen Lehrerin, Frau Professor Dr. Lilian Blöschl. Ohne ihr Interesse, ihre stete Diskussionsbereitschaft und ihre fachliche Unterstützung wäre diese Arbeit kaum zustande gekommen. Herrn Dozent Dr. Walter Nährer danke ich für so manchen aufmunternden Beitrag zu testtheoretischen Fragen. Herr Mag. Hubert Stigler war stets bereit, sein Fachwissen als Computerspezialist zur Verfügung zu stellen und Herrn Dr. Norbert Tanzer verdanke ich einiges an selbstimportierter Fachliteratur aus Übersee. Bei der Literaturbeschaffung durch die üblichen Kanäle half mir Frau Irmgard Toplak.

Für die großzügige Überlassung von Vorabdrucken ihrer Forschungsarbeiten danke ich Herrn Professor Dr. Friedrich Lösel, Frau Dipl.-Psych. Christiane Nevermann, Herrn Dr. Peter Köferl, Herrn Professor Erich Perlwitz und Herrn Dr. Joachim Stiensmeier-Pelster. Herrn Professor Dr. Meinrad Perrez und Herrn Dr. Peter Stehlin vom Verlag Hans Huber danke ich für ihr Interesse und für ihre konkrete und moralische Unterstützung im Hinblick auf die Publikation dieser Arbeit.

Graz, im November 1990   Peter Rossmann

1. Einleitung

Die vorliegende Arbeit beschäftigt sich mit der Erfassung depressiver Verstimmungszustände bei Kindern. Es handelt sich dabei also um ein unmittelbar praxisrelevantes Problem, das beim ersten Hinsehen auch recht überschaubar und gut abgrenzbar erscheint. Wie jedoch bereits im Vorwort angedeutet, stellt sich bei der Bearbeitung dieser zunächst so einfach klingenden Problemstellung heraus, daß die damit im Zusammenhang stehenden Fragen weit über die ursprünglich zu erwartenden Grenzen hinausreichen. Schon die grundlegenden Fragen, was man unter Depression im Kindesalter denn überhaupt zu verstehen habe und durch welche Zeichen sie sich äußere, führen mitten hinein in eine lebhafte wissenschaftliche Diskussion. Und obwohl all die vorliegenden Beiträge auf gewissenhaften klinischen Beobachtungen oder auf *lege artis* erhobenen empirischen Daten beruhen, widersprechen sie einander zum Teil beträchtlich. Die Lage der Thematik an der Schnittstelle zwischen Psychiatrie und Psychologie bringt zusätzlich noch einige unerwartete Probleme aber auch Querverbindungen mit sich, die das Feld einerseits recht verwirrend erscheinen lassen, andererseits aber in seiner Vielfalt auch besonders interessant, ja faszinierend machen.

Im folgenden Kapitel wird deshalb zuerst eine kurze Darstellung der wissenschaftshistorischen Entwicklung unterschiedlicher Ansätze zur Symptomatologie depressiver Zustandsbilder in der Kindheit gegeben. Darauf aufbauend folgt eine ausführliche Darstellung des gegenwärtigen Stands der Diskussion auf der nosologisch-systematischen Ebene. Zu diesem Zweck wird zuerst eine Übersicht über die Entwicklung von diagnostischen Kriterien und von Ansätzen zur Klassifikation depressiver Störungen im Kindesalter geboten und es werden einige der in diesem Zusammenhang auftauchenden Probleme erörtert. Schließlich werden die wichtigsten der in der internationalen wissenschaftlichen Gemeinschaft verwendeten Methoden zur Erfassung depressiver Verstimmungszustände bei Kindern vorgestellt und kritisch diskutiert. Dabei handelt es sich einerseits um klinisch-psychiatrische Interviewverfahren und andererseits um psychometrische Fragebogentests zur Selbstbeurteilung der Befindlichkeit durch die Kinder und zur Fremdbeurteilung der Betroffenen durch Mitschüler, Eltern, Lehrer und Erzieher. Es folgt die Darstellung der im Hinblick auf diesbezügliche Entwicklungen eher dürftigen Situation im deutschsprachigen Raum.

Eine Zusammenfassung der vielen auf diesem Gebiet noch offenen Fragen, sowie der Versuch, aus den derzeitigen Forschungstrends künftige Entwicklungen zu extrapolieren und einige Empfehlungen für die Forschung, die Ausbildung und für die praktische Tätigkeit abzuleiten, bilden den Abschluß des vorliegenden Buches.

Biologische Verfahren in der Depressionsdiagnostik werden hier nicht behandelt, obwohl in den letzten Jahren ebenfalls bereits damit begonnen wurde, die Forschung hinsichtlich einiger dieser ursprünglich im Erwachsenenbereich entwickelten Methoden auch auf Kinder und Jugendliche auszudehnen. Der Komplexitätsgrad der in diesem Zusammenhang angewandten physiologischen und biochemischen Methoden und die Uneindeutigkeit der in den entsprechenden Studien aufgetretenen Ergebnisse lassen eine nur kursorische Auseinandersetzung mit dem Thema nicht mehr zu. Der an einem Überblick über diese Ansätze interessierte Leser sei auf die Arbeiten von Lowe & Cohen (1983), Puig-Antich (1983, 1986, 1987), Zeichner (1987) und Ferguson & Bawden (1988) verwiesen.

An dieser Stelle seien aber noch einige Anmerkungen zu den verschiedenen möglichen Bedeutungen des Begriffs "Depression" (und seiner Verbindungen) eingefügt, um die unterschiedlichen Abstraktionsniveaus, auf denen die Thematik dabei jeweils behandelt wird, möglichst klar auseinanderhalten zu können. Dieser Begriff wird in der wissenschaftlichen Diskussion auf mindestens drei unterschiedlichen Ebenen verwendet, nämlich auf der Ebene eines einzelnen Symptoms, auf der Ebene von psychopathologischen Syndromen und schließlich auf der Ebene von nosologischen Einheiten (siehe z.B. Kendall, Cantwell & Kazdin 1989)

Wenn der Begriff der **Depression auf der Symptomebene** verwendet wird, so dient er meist zur Beschreibung einer traurigen, gedrückten Stimmungslage. Darauf bezieht sich auch die übliche umgangssprachliche Verwendung des Begriffs. Die Stimmungsbeeinträchtigung stellt aber nur einen Aspekt jener depressiven Symptomatik dar, wie sie vom Kliniker beobachtet werden kann und wie sie vom Psychopathologen mit dem Begriff der Depression auf der Ebene eines psychopathologischen Syndroms beschrieben wird.

Unter einem **depressiven Syndrom** wird in der Psychopathologie eine Gruppe von zusammengehörigen Symptomen verstanden. Zum Bild eines depressiven Syndroms bei Erwachsenen gehören beispielsweise neben einer Beeinträchtigung der Stimmung auch noch Selbstwertprobleme, Schuldgefühle, psychomotorische Agitation oder Retardation, Energieverlust, Appetitmangel, Schlafstörungen und Selbstmordgedanken oder Selbstmordpläne. Auf Syndromebene bezieht sich also der Begriff der Depression auf eine ganze Gruppe von als zusammengehörig erachteten psychopathologischen Symptomen und nicht nur auf die Stimmungskomponente.

Wenn der Begriff der Depression schließlich zur Bezeichnung einer nosologischen Einheit, **einer depressiven Störung**, verwendet wird, impliziert dies aber noch mehr als das bloße Auftreten eines depressiven Syndroms. Ein depressives Syndrom, so ließe sich argumentieren, kann ja aus verschiedenen Gründen auftreten, etwa als Begleiterscheinung einer körperlichen Erkrankung mit eindeutig organischer Ursache (z.B. im Rahmen eines Cushing-Syndroms). Ein depressives Syndrom tritt oft auch als Teil der (normalen) Trauerreaktion nach einem schweren persönlichen Verlust auf, ohne daß man deswegen von einer depressiven Störung des Betroffenen sprechen würde. Das Auftreten eines depressiven Syndroms ist somit zwar eine notwendige Bedingung, aber allein noch kein hinreichender Beleg für das Vorliegen einer depressiven Störung. Die Definition einer depressiven Störung im nosologischen Sinn sollte darüber hinaus klare diagnostische und differentialdiagnostische Kriterien und Schwellenwerte für die Mindestdauer und Schwere der Beeinträchtigung enthalten. Auch sollte Information über den unbehandelten Verlauf sowie über das Ansprechen auf therapeutische Bemühungen vorliegen. Im optimalen Fall sollten sich Personen, die von einer psychopathologischen Störung betroffen sind, auch anhand von biologischen und/oder psychologischen Variablen eindeutig von Patienten mit anderen Störungen und von klinisch unauffälligen Kontrollpersonen unterscheiden lassen.

Wie bereits aus diesen kurzen Anmerkungen zu ersehen ist, impliziert die Verwendung der entsprechenden psychopathologischen Begriffe in Grundrissen bereits ein ganzes Forschungsprogramm, nämlich jenes der Psychiatrie. Die Probleme, die sich daraus für einen psychologischen Testkonstrukteur ergeben, werden im Rahmen dieser Arbeit noch zu besprechen sein.

2. Zur Symptomatologie depressiver Störungen bei Kindern

2.1. Frühe konzeptuelle Ansätze

Studiert man die historischen Entwicklungslinien der psychiatrischen und psychologischen Forschung zum Problem depressiver Zustandsbilder bei Kindern, so kommt man zu der überraschenden Einsicht, daß diese sich von jenen der Depressionsforschung im Erwachsenenbereich deutlich unterscheiden. Das gilt sowohl für den zeitlichen Beginn der Forschungstätigkeit, wie auch für die inhaltlichen Schwerpunktsetzungen im weiteren Verlauf.

Bis zum Ende der sechziger Jahre konnten in der internationalen wissenschaftlichen Literatur nur sehr wenige Beiträge gefunden werden, die sich überhaupt mit depressiven Zustandsbildern bei Kindern und Jugendlichen befaßten. Die Arbeit von Toolan (1962), mit dem Titel "Depression in children and adolescents", weist beispielsweise in ihrem Literaturverzeichnis nur 10 Positionen auf. Die ersten Bücher, die in ihrem ganzen Umfang dem Problem gewidmet waren, erschienen erst zu Beginn der siebziger Jahre (Nissen 1971, Annell 1972) und waren als Pionierleistungen im Gesamtkontext der zeitgenössischen psychiatrischen und psychologischen Forschung noch vergleichsweise schwach verankert.

Ein Hauptgrund für die relativ spät erfolgte Entdeckung der kindlichen Depression als Anlaß für wissenschaftliche Bemühungen ist zweifellos in der bis zum Beginn der achtziger Jahre unter Fachleuten weitverbreiteten Ansicht zu sehen, depressive Syndrome und Störungen, wie sie bei Erwachsenen auftreten, seien bei Kindern praktisch nicht existent oder das Auftreten solcher Zustandsbilder bei Kindern

sei sogar aus theoretischen Gründen gänzlich unmöglich*).
"The familiar manifestations of adult, nonpsychotic depression are virtually nonexistent in childhood. There is remarkable concensus about this finding" (Rie 1966, S. 654). In der Tat folgte aus den psychoanalytischen Lehrmeinungen, für die Entstehung von Depressionen spiele das Überich bei der Retroflexion aggressiver Impulse eine zentrale Rolle und dieses Überich sei in der Kindheit eben noch nicht ausreichend entwickelt, der Schluß, daß bei Kindern vor der Pubertät noch keine depressiven Zustandsbilder auftreten können, die mit jenen im Erwachsenenalter vergleichbar seien. Rochlin (1959, S. 299) beispielsweise stellte noch in aller Klarheit fest, daß "clinical depression, a superego phenomenon, as we psychoanalytically understand the disorder, does not occur in childhood." Die dazugehörige theoretische Diskussion wird hier nicht genauer referiert, der interessierte Leser sei auf die sehr ausführlichen Darstellungen in den Beiträgen von Rochlin (1959) und Rie (1966) verwiesen.

Es soll hier aber zur Vermeidung eines manchmal in diesem Zusammenhang auftauchenden Mißverständnisses darauf hingewiesen werden, daß von den erwähnten Autoren natürlich nicht den Kindern die Fähigkeit zu affektiven Reaktionen abgesprochen wurde und daß keineswegs die Auswirkungen von Verlust- und Trennungserlebnissen bei Kindern geleugnet werden sollten - die Arbeiten etwa von Spitz (1946, 1954) und Bowlby (1960, 1961) waren ja gleich

---

*) Dies obwohl bereits in der Mitte des 19.Jahrhunderts der deutsche Psychiater Griesinger auf die Möglichkeit des Auftretens depressiver Störungen in der Kindheit hingewiesen hat, wie Nissen in seinem im Anschluß an die Arbeit von Kashani & Sherman (1988, S.15) abgedruckten Kommentar berichtet.

nach ihrem Erscheinen schon weithin bekannt - sondern es wurde lediglich die Annahme zurückgewiesen, daß auch bei Kindern jene Symptomkonstellation auftritt, durch die das Bild der klinischen Depression bei Erwachsenen bestimmt ist. Die vertretene Ansicht war also genaugenommen eine Extremposition, die eine vollständige Abhängigkeit der Manifestationen depressiver Verstimmungszustände von der erreichten Entwicklungsstufe behauptete. Die infantilen Formen wurden dabei keineswegs als weniger ernst oder schwerwiegend betrachtet, sondern als ein spezifischer und mit den Erwachsenenformen nicht vergleichbarer Ausdruck der universellen Konflikte im Zusammenhang mit Separation und Objektverlust.

Wenn aber die üblichen, das Bild der klinischen Depression konstituierenden Symptome bei Kindern nicht auftreten, erhebt sich natürlich die Frage, in welcher Form sich dann depressive und depressionsähnliche Zustandsbilder, beispielsweise nach traumatischen Verlust- oder Trennungserlebnissen, manifestieren. Die konsequente Antwort auf die Frage wurde durch eine zweite, in der Geschichte der Depressionsforschung wiederholt anzutreffende und in bezug auf depressive Zustandsbilder bei Kindern ebenfalls bereits von Toolan (1962) referierte theoretische Position gegeben, die im Zusammenhang mit den Begriffen "larvierte Depression" und "depressive Äquivalente" bekannt geworden ist. Dabei wird angenommen, daß sich depressive Zustandsbilder in der Kindheit meist durch völlig depressionsunspezifische Symptome ausdrücken. Eine der einflußreichsten Arbeiten in diesem Zusammenhang wurde von Glaser (1967) publiziert. Der Autor listete als Beispiele für larvierte Depressionssymptome bei Kindern verschiedene Verhaltensprobleme auf, insbesondere auffällig agitierte oder delinquente Verhaltensweisen, Schulschwierigkeiten, Ängste, aber auch psychosomatische Beschwerden, wie Kopfschmerzen, Bauchschmerzen oder Erbrechen. Cytryn & McKnew (1972, 1974) betrachteten die larvierte Depression als eine eigene (und zwar als die am häufigsten vorkommende) diagnostische Kategorie depressiver Störungen im Kindesalter. Die davon betroffenen Kinder zeigten nach Meinung der Autoren die unterschiedlichsten Symptome, darunter eine ganze Reihe von Verhaltensweisen, die in Lehrbüchern der Kinderpsychiatrie oder der klinischen Kinderpsychologie üblicherweise als Hinweise für das Vorliegen völlig anderer psychopathologischer Störungen angeführt werden. Auch Nissen (1989) vertritt eine ähnliche Position, wenn er schreibt: "Die Erkennung depressiver Syndrome bei Kindern ist deshalb so schwierig, weil sich ihre Symptomatik nach Geschlecht, Alter und Intelligenz wesentlich von der depressiver Erwachsener unterscheidet . . . Die depressive Störung drückt sich vorzugweise in Erziehungs- und Schulschwierigkeiten aus, weil dies die Berührungs- und Begegnungsstelle zwischen Erwachsenen und Kindern ist, in der feinere Störungen am ehesten registriert werden . . . Beispiele ließen sich beibringen für die depressive Genese von Nabelkoliken, nächtlichen Angstanfällen, Enkopresis, von motorischen Stereotypien, Ticerscheinungen und Kopfschmerzen . . . Auf andere Symptome kann hier nur aufzählend hingewiesen werden: abnorme Naschsucht, Fett- oder Magersucht, Blutigreiben der Handflächen, Wiederauftreten von Kinderfehlern . . . (Nissen 1989, S. 165, 166). Ähnlich äußerte sich auch Städeli (1983) in bezug auf das Auftreten von Depressionssyndromen im Vorschulalter.

Das Problem dieses Ansatzes besteht nun einerseits darin, das Ausmaß erlaubter Abweichung von einer allgemein akzeptierten Definition des depressiven Syndroms festzulegen, ohne damit gleichzeitig genau dieser Definition Gewalt anzutun, also in der begrifflichen Abgrenzung zu anderen psychopathologischen Störungsbildern, zum anderen in den daraus zwangsläufig folgenden logischen Problemen bei der empirischen Validierung dieser Annahmen. Das Vorliegen einer larvierten Depression kann ja nur mittelbar erschlossen werden, beispielsweise anhand des Auftretens depressiver Themen in projektiven Tests, anhand der Analyse der kindlichen Phantasien oder anhand des wenigstens zeitweiligen Auftretens eindeutig depressiver Phasen.

Nach ihrer Analyse der entsprechenden Literatur kamen Kovacs & Beck (1977) zum Schluß, daß der Terminus "larvierte Depression" im Kindesalter irreführend und unnötig sei, da sogar die Anhänger dieses Konzepts immer darauf hinwiesen, daß eine solche Diagnose niemals ohne sichtbare, stichhaltige Beweise für das Vorliegen einer Depression gestellt werden dürfe. Folglich, meinen die Autoren, müsse man sich primär darum bemühen, eine allgemeine Übereinkunft in bezug auf eben diese Kriterien für die Diagnose zu finden. Auch Cytryn, McKnew & Bunney (1980, S.23) konzedierten, daß "masked depression has proven to be a difficult and controversial entity".

Ein starker Impetus für die Intensivierung der Diskussion und der Forschung kam von einer Reihe von Konferenzen und Kongressen, die in der zweiten Hälfte der siebziger Jahre in den USA organisiert worden waren. Die Ergebnisse dieser Treffen wurden zum Teil in Form von Sammelbänden der Fachöffentlichkeit zugänglich gemacht (das von Schulterbrandt & Raskin 1977 herausgegebene Buch entstand aus der im Jahr 1975 vom National Institute of Mental Health durchgeführten Konferenz, French & Berlin 1979 publizierten die Beiträge aus der 1976 von der University of California at San Francisco organisierten Konferenz). Im deutschen Sprachraum erschien der Sammelband von Städeli (1978). Diese Werke stellten gewissermaßen die Basis dar, auf der in den Folgejahren die weiteren Forschungsaktivitäten aufgebaut wurden.

In diesen späten siebziger Jahren präsentierte sich die Forschungslandschaft in bezug auf die Frage nach Depressionssymptomen im Kindesalter am uneinheitlichsten. Während das Konzept der larvierten Depression immer stärker unter Beschuß geriet, konnten sich auch alternative Ansätze, etwa die bereits vorliegenden Symptomlisten von Weinberg und Mitarbeitern (die aus inhaltlichen Gründen erst im nächsten Kapitel auf nosologischer Ebene ausführlich diskutiert werden) noch nicht recht durchsetzen.

Lefkowitz & Burton (1978) vertraten beispielsweise in einem vom einflußreichen Psychological Bulletin veröffentlichten Beitrag eine weitere Variante der alten Ansicht, daß einzelne das depressive Syndrom konstituierende Symptome bei Kindern so instabil und altersabhängig seien, daß sie bestenfalls als vorübergehende, entwicklungsbedingte Phänomene betrachtet werden könnten. Sie fanden auch, daß die Prävalenz einiger Symptome in bestimmten Altersgruppen so hoch sei, daß man diese Probleme weder als statistisch von der Norm abweichend noch als psychopathologische Zeichen betrachten könne. Longitudinalstudien hatten zum Beispiel gezeigt, daß bei über 30% der sechsjährigen Kinder mangelhafter Appetit festzustellen sei, während dies nur auf 6 bis 9% der Zehnjährigen zutreffe. Das Symptom "Appetitmangel" könne demnach zwar bei den älteren Kindern Anlaß zur Sorge geben, nicht jedoch bei den Jüngeren. Im übrigen sollte man sich nach Meinung der Autoren überlegen, ob nicht durch eine (insbesondere pharmakologische) Behandlung von Problemen, die ohnehin im Laufe der Zeit von selbst verschwänden, mehr Schaden als Nutzen angerichtet werde. Costello (1980) fand in einer grundsätzlichen Replik, daß die Ausführungen von Lefkowitz

& Burton (1978) auf drei durchaus fragwürdigen Annahmen beruhten, nämlich erstens auf der Annahme, daß häufig auftretende Verhaltensweisen nicht pathologisch sein könnten, zweitens auf der Annahme, daß problematische Verhaltensweisen, die als Funktion der Zeit seltener würden, ebenfalls nicht als pathologisch betrachtet werden könnten, und drittens auf der Meinung, daß Probleme, die spontan remittierten, keiner klinischen Behandlung bedürften. So akademisch diese Diskussionsbeiträge und die nochmalige Antwort von Lefkowitz (1980) auch manchmal erscheinen mögen, es wurden dabei wichtige Probleme angeschnitten, die in der Tat auch heute noch immer die Erstellung solider theoretischer Konzepte äußerst kompliziert machen, nämlich die vielen noch offenen Fragen auf dem Gebiet der Entwicklungspsychopathologie (vgl. Rutter & Garmezy 1983, Cicchetti 1984, Rutter 1986, Lewis & Miller 1990). Es besteht auch heute noch immer ein bedauerlicher Mangel an spezifischen Untersuchungen zur Prävalenz depressiver Symptome auf verschiedenen Entwicklungsstufen und zur Frage, inwieweit depressive Zustandsbilder in der Kindheit das Auftreten depressiver oder anderer psychopathologischer Störungen im Erwachsenenalter erwarten lassen (vgl. Geller & Carr 1988 und Kovacs 1989).

2.2. Aktuelle Entwicklungen

Die zu Beginn der achtziger Jahre in Entwicklung befindlichen theoretischen Ansätze und die damals vorliegenden empirischen Daten sind in den Übersichtsreferaten von Anthony (1980), Orvaschel, Weissman & Kidd (1980), Puig-Antich (1980), Kashani, Husain, Shekim, Hodges, Cytryn & McKnew (1981), Kazdin (1981), Lewis & Lewis (1981), Toolan (1981), Kazdin & Petti (1982) und Puig-Antich &

Gittelman (1982) dokumentiert. Die relativ große Anzahl der zu jener Zeit erschienenen Übersichtsarbeiten könnte den Eindruck vermitteln, daß auch bereits viele empirische Arbeiten zum Problem depressiver Störungen bei Kindern vorgelegen hätten. Dies war aber keineswegs der Fall, sondern das Verhältnis zwischen dem Umfang der vorliegenden empirischen Datenbasis und der Anzahl von Reviews war so unausgewogen, daß man sich - etwas pointiert formuliert - rückblickend des Eindruckes nicht erwehren kann, es seien mehr Zusammenfassungen als Originalarbeiten publiziert worden. Doch in dieser Zeit wurden die Grundlagen gelegt für den nächsten quantitativen Sprung, eine stürmische Beschleunigung der Forschungstätigkeit, die schließlich um das Jahr 1983 erfolgte. Bei der Analyse der Erscheinungsdaten aller in unserer Literaturdokumentation (Rossmann 1988) enthaltenen Beiträge kann gezeigt werden, daß die Publikationstätigkeit ab diesem Jahr fast explosionsartig anstieg. Innerhalb weniger Jahre erschien eine Reihe von Standardwerken, nämlich die Bücher von Cantwell & Carlson (1983), Golombek & Garfinkel (1983), Petti (1983), Cicchetti & Schneider-Rosen (1984), Rutter, Izard & Read (1986), Trad (1986, 1987) und Friese & Trott (1988) sowie mehrere hundert empirische Einzelarbeiten und dazu viele Übersichtsartikel, von denen zur Illustration der Fülle exemplarisch diejenigen von Eggers (1983), Felder & Gibbons (1983), Kashani & Cantwell (1983), Kaslow & Rehm (1983), Lewinsohn, Teri & Hoberman (1983), Nissen (1983a, 1983b), Apter & Tyano (1984), Reynolds (1984, 1985), Clarizio (1984), Cantwell (1985), Digdon & Gotlib (1985), McConville & Bruce (1985), Poznanski (1985), Vermilyea, Heimberg & Silverman (1985), Strober & Werry (1986), Kerr, Hoier & Versi (1987), Kashani & Sherman (1988),

Kazdin (1988), Kovacs (1989) Laroche (1989), Simeon (1989) und Verhulst (1989) genannt seien.

Eine eindrucksvolle Möglichkeit, die Veränderung der Quantität der zur Verfügung stehenden Information zu illustrieren, bietet der Vergleich der bereits erwähnten Arbeit von Toolan (1962) mit derjenigen von Reynolds (1985). Beide Übersichtsartikel sind unter praktisch demselben Titel "Depression in childhood and adolescence" erschienen. Während, wie erwähnt, der erste Autor seine Übersicht auf 10 Einzelarbeiten aufbaute, bezogen sich die Ausführungen zum gleichen Thema 23 Jahre später auf nicht weniger als 352 teils hochspezifische Einzelarbeiten. Heute liegt (siehe die Literaturangaben der vorliegenden Arbeit) etwa dieselbe Anzahl von Publikationen allein nur zu diagnostischen Fragen vor. Während sich die obigen Ausführungen hauptsächlich auf den quantitativen Aspekt der Forschungstätigkeit beziehen, waren aber auch inhaltliche Schwerpunktverschiebungen im Hinblick auf die vertretenen theoretischen Positionen zu beobachten.

In einem Artikel mit dem bezeichnenden Titel "Unmasking masked depression in children" markierten Carlson & Cantwell (1980) das vorläufige wissenschaftliche Ende des Konzepts der larvierten Depression bei Kindern. Die Autoren zeigten auf, daß die Anwendung der üblichen Diagnosekriterien für Erwachsene auch bei Kindern möglich war und zu sinnvollen Ergebnissen führte. Auch Vermilyea, Heimberg & Silverman (1985, S.125) stellten bei ihrer Darlegung der Probleme um dieses Konzept die berechtigte Frage, wie der Kliniker denn zwischen einer larvierten Depression und anderen psychischen Störungen im Kindesalter unterscheiden könne. Ihre diesbezüglichen Überlegungen liefen schließlich darauf hinaus, eine explizite Unterscheidung zu treffen, zwischen der initialen, leicht ins Auge springenden

Symptomatik, die sich dem Kliniker bei der ersten Vorstellung des Kindes präsentiere, und jener Symptomatik, die sich erst im Laufe von eingehenden Interviews und Untersuchungen enthülle. Die ersteren Symptome müssen nicht unbedingt die für die Diagnosestellung wichtigeren sein. Erst nach ausführlicher Beschäftigung mit dem Kind könne, so meinen die Autoren, beispielsweise entschieden werden, ob ein junger, wegen aggressiver Ausbrüche auffällig gewordener Patient an einer Verhaltensstörung leide und ihm durch Behandlung dieser Störung am besten geholfen werden könne, oder ob er Fensterscheiben einwerfe, um sich wenigstens für kurze Zeit das Gefühl von Macht und Kontrolle zu verschaffen und seine depressiven Gefühle nicht wahrnehmen zu müssen. Von diesem Standpunkt aus lassen sich die Probleme mit dem Konzept der larvierten Depression im Kindesalter weitgehend auf die Frage nach der Vollständigkeit der Datenerhebung zum Zweck der Diagnosestellung reduzieren.

Empirische Arbeiten zu diesem Thema folgten bald. Harper & Kelly (1985) konnten in ihrer Studie von Schülern, die wegen antisozialen Verhaltens aufgefallen waren, zeigen, daß tatsächlich der Großteil dieser Kinder depressiv war. Dies war durch Verwendung eines altersadäquaten psychologischen Depressionstests relativ leicht aufzudecken. Ähnliche Ergebnisse wurden von Kolvin, Berney & Bhate (1984) von der Untersuchung von Schulphobikern mittels eines ausführlichen psychiatrischen Interviews berichtet.

Vermilyea, Heimberg & Silverman (1985) kritisierten die im Zusammenhang mit der Diskussion um die larvierte Depression manchmal empfohlene Vorgangsweise, die Diagnose *posthoc* aufgrund des Ansprechens auf antidepressive Therapie zu stellen (vgl. López-Ibor 1973, Pichot & Hassan 1973). Schon Rutter (1972) hatte Kritik an

Studien geübt, in denen diagnostische Konzepte durch den Hinweis auf die Effizienz antidepressiver Medikation bei den so diagnostizierten Kindern gleichsam belegt werden sollten (vgl. Annell 1969). Die wissenschaftliche Aussagekraft dieser Strategie ist aus mehreren Gründen ziemlich eingeschränkt. Zum einen wurden die Effekte der entsprechenden Medikamente bei Kindern bislang noch kaum in kontrollierten Studien systematisch belegt, zum anderen ist von manchen Substanzen noch nicht einmal ihre Wirksamkeit bei erwachsenen Depressiven ausreichend erforscht, speziell was die differentielle Wirksamkeit bei bestimmten Subkategorien depressiver Störungen betrifft, und drittens haben Antidepressiva nicht nur spezifische Effekte, sondern wirken auch bei anderen Störungen, beispielsweise bei Enuresis. Dementsprechend können nur solche Studien als Beleg für die Validität eines bestimmten Diagnosekonzeptes herangezogen werden, in denen nicht nur gezeigt wird, daß die antidepressive Medikation wirksamer ist als ein Placebo, sondern darüberhinaus auch noch, daß die positiven Effekte spezifisch nur in einer eindeutig durch die vorgeschlagenen diagnostischen Kriterien abgrenzbaren Gruppe festzustellen sind. Untersuchungen, die diese Forderungen erfüllen, sind aufgrund der konzeptuellen und begrifflichen Probleme im Zusammenhang mit der larvierten Depression nicht vorhanden. Es soll aber hier explizit darauf hingewiesen werden, daß das Konzept der larvierten Depression bei Kindern nicht etwa deshalb verworfen wurde, weil es sich als falsch erwiesen hätte, sondern weil es gewissermaßen "forschungstechnisch" zu große Schwierigkeiten bringt.

Die zum heutigen Zeitpunkt von den meisten Forschern, insbesondere von den amerikanischen Kinder- und Jugendpsychiatern, vertretene Position beruht auf der Annahme, daß das depressive Syndrom in der Kindheit sich nicht wesentlich von dem im Erwachsenenalter auftretenden unterscheide, wobei freilich einige alters- und entwicklungsspezifische Aspekte zu berücksichtigen sind. Die Entstehung dieses Ansatzes und der daraus resultierenden diagnostischen Kriterien wird im nächsten Kapitel ausführlicher dargestellt.

3. Diagnostische Kriterien und Ansätze zur Klassifikation depressiver Störungen im Kindesalter

3.1. Spezielle diagnostische Kriterien

Ling, Oftedal & Weinberg (1970) waren die ersten, die zur Definition des Vorliegens einer Depression bei Kindern ähnliche diagnostische Kriterien herangezogen hatten, wie sie auch im Erwachsenenbereich Verwendung fanden. Ihre Pionierarbeiten auf diesem Gebiet sollen deshalb etwas genauer dargestellt werden. Die Autoren studierten das Auftreten depressiver Störungen in einer Stichprobe von 25 kindlichen Kopfschmerzpatienten im Alter zwischen 4 und 16 Jahren. Als depressiv wurde ein Kind dann betrachtet, wenn es in jüngster Zeit mindestens vier der folgenden Symptome gezeigt hatte: deutliche Stimmungsänderung, sozialer Rückzug, sich verschlechternde Schulleistungen, Schlafstörungen, unübliches aggressives Verhalten, Selbstabwertung und Verfolgungsideen, Energiemangel, somatische Beschwerden, Schulphobie, sowie Gewichtsverlust. Anhand dieser Kriterien erwiesen sich 10 (40%) der untersuchten Kinder als depressiv. Die Familien von neun der zehn depressiven Kinder (also zu 90%) wiesen ein ebenfalls wegen depressiver Störungen behandeltes Mitglied auf, während dies nur bei 30% der Familien der nichtdepressiven Kopfschmerzpatienten festgestellt werden konnte. Diese Studie zeigte nicht nur, daß manifeste depressive Symptome bei kindlichen Kopfschmerzpatienten eine unerwartet hohe Prävalenz haben, sondern legte auch schon zu einem recht frühen Zeitpunkt die Existenz eines klar umrissenen depressiven Syndroms im Kindesalter nahe.

Weinberg, Rutman, Sullivan, Penick & Dietz (1973) führten eine ähnliche Studie in einer Stichprobe von sechs- bis zwölfjährigen Kindern durch, die von ihren Klassenlehrern wegen verschiedener Auffälligkeiten einem pädagogisch-psychologischen Zentrum zur Untersuchung zugewiesen worden waren. Die in dieser Studie verwendeten diagnostischen Kriterien stellten eine Verfeinerung derjenigen der vorhergegangenen Arbeit der Autoren dar und sind in der Folge als "Weinberg-Kriterien" bekannt geworden. Der Einfluß der Feighner-Kriterien für Erwachsene (Feighner, Robins, Guze, Woodruff, Winokur & Munoz 1972), die nur ein Jahr zuvor veröffentlicht worden waren, war hier bereits sehr deutlich feststellbar. Ein Kind wurde in dieser Studie dann als depressiv diagnostiziert, wenn es seit mehr als einem Monat sowohl dysphorische Stimmung als auch selbstabwertende Gedanken gezeigt hatte und dazu noch mindestens zwei der folgenden acht Symptome: aggressives Verhalten, Schlafstörungen, eine Änderung des Verhaltens in der Schule, sozialer Rückzug, eine veränderte Einstellung zur Schule, somatische Beschwerden, Verlust der üblichen Energie und unübliche Änderungen von Appetit und/oder Gewicht. Die Symptome mußten eine Veränderung des sonst für das Kind charakteristischen Verhaltens darstellen. Die Autoren versuchten, jedes Symptom anhand spezifischer Verhaltensweisen so gut wie möglich operational zu definieren. Eine Änderung des Verhaltens in der Schule (im Original "change in school performance") lag beispielsweise dann vor, wenn sich ein Lehrer in letzter Zeit häufiger über Tagträumerei, Konzentrationsmängel oder schlechtes Gedächtnis des Schülers beklagt hatte, wenn der Schüler sich deutlich weniger als üblich um gute Leistungen in den Schulfächern bemüht hatte, wenn er das Interesse an nichtakademischen Schulaktivitäten verloren hatte, wenn viele unerledigte Schul- oder Hausübungen vorlagen, wenn ein Notenabfall festgestellt werden mußte oder wenn der Schüler ständig die geforderten

Hausaufgaben zu schwierig fand. Gemessen an diesen Kriterien mußten 42 der 72 untersuchten Kinder als depressiv bezeichnet werden. Auch in dieser Studie wurden in der Gruppe der depressiven Kinder signifikant mehr Verwandte festgestellt (89% vs. 31%), die ebenfalls an einer depressiven Störung litten, als bei den nichtdepressiven Kindern. Bei mehr als der Hälfte der als depressiv diagnostizierten Kinder waren außerdem gleichzeitig sieben oder mehr der genannten Symptome festgestellt worden, was als Hinweis auf die Richtigkeit der Annahme betrachtet werden konnte, daß es ein depressives Syndrom im Kindesalter gebe, welches jenem bei Erwachsenen relativ ähnlich ist. Wie neu diese Annahme im Jahre 1973 noch war, zeigte der Kommentar der Herausgeber, der der Publikation vorangestellt worden war: "Although this paper has been recommended for publication ... by two selected reviewers, the Editors feel it necessary to stress extreme caution (1) in identifying any child as having a depressive illness and (2) in prescribing any medication for such a disorder" (Weinberg, Rutman, Sullivan, Penick & Dietz 1973, S.1065).

Während von Brumback & Weinberg (1977) in einem Artikel noch einmal die von ihnen empfohlenen Diagnosekriterien dargelegt wurden, klang die im selben Jahr veröffentlichte Stellungnahme eines Subkomitees des amerikanischen National Institute of Mental Health zur Entwicklung klinischer Diagnosekriterien zur Erfassung depressiver Störungen im Kindesalter noch äußerst vorsichtig (Dweck, Gittelman-Klein, McKinney & Watson 1977). Demnach seien als essentielle klinische Symptome (1) Dysphorie und (2) eine generalisierte Beeinträchtigung der Reaktion auf positive Verstärker zu betrachten. Letzere manifestiere sich auf der Verhaltensebene in weiten Bereichen als Reduktion instrumenteller, selbst initiierter Aktivitäten. Ursprünglich lustbetonte Aktivitäten und Ereignisse hätten ihre verhaltenssteuernde Wirkung eingebüßt. Die minimale Dauer des Zustandsbildes müsse mit vier Wochen angesetzt werden und die diagnostischen Informationen sollten nicht nur aus einer einzigen Quelle eingeholt worden sein. Zu weiteren möglichen Symptomen, beispielsweise Selbstwertprobleme, Schuldgefühle oder Pessimismus, äußerten sich die Autoren nur insoweit, als sie empirische Daten auf verschiedenen Alters- und Entwicklungsstufen einforderten, um die in diesem Zusammenhang noch offenen Fragen beantworten zu können.

3.2. Diagnosekriterien im Rahmen operational definierter Klassifikationssysteme

Gegen Ende der siebziger und zu Beginn der achtziger Jahre hatte sich unter den Experten endgültig die Ansicht durchgesetzt, daß sich depressive Störungen bei Kindern im wesentlichen gleich äußerten wie bei Erwachsenen, daß also in diesem Zusammenhang weitgehend auf Konzepte und Diagnosekriterien aus der Erwachsenenpsychiatrie zurückgegriffen werden könne. Diese Position wurde nun auch explizit in den Übersichtsdarstellungen vertreten (vgl. z.B. Cantwell & Carlson 1979, Orvaschel, Weissman & Kidd 1980, Puig-Antich 1980, Lewis & Lewis 1981). Auch Toolan (1981) meldete sich wieder zu Wort und revidierte dabei die von ihm im Jahre 1962 vertretenen Ansichten.

Daß sich diese neue Sichtweise gerade zu jener Zeit in der Kinder- und Jugendpsychiatrie durchsetzen konnte, lag sicher zu einem wesentlichen Teil auch am Erfolg der damaligen Bemühungen um die Verbesserung von Reliabilität, Übereinstimmung und Vergleichbarkeit von Diagnosen im Rahmen der Erwachsenenpsychiatrie. Zwischen 1973 und 1980 waren mehrere Klassifikationssysteme mit operational definierten

Diagnosekriterien entstanden, die schließlich auch auf die Ansätze zur Beschreibung und Erforschung depressiver Zustandsbilder in der Kindheit nicht ohne Einfluß bleiben konnten.

Der Ausgangspunkt dieses Trends wurde durch die bereits klassische Publikation von Feighner, Robins, Guze, Woodruff, Winokur & Munoz (1972) über diagnostische Kriterien in der psychiatrischen Forschung markiert. Die von den Autoren für eine Gruppe von psychischen Störungen vorgeschlagenen Diagnosekriterien wurden weit über den angloamerikanischen Bereich hinaus unter der Bezeichnung **Feighner-Kriterien** bekannt. Für die Diagnose einer depressiven Störung war nach diesen Kriterien über den Zeitraum von mindestens einem Monat das Vorhandensein dysphorischer Stimmung und außerdem das Vorhandensein von mindestens fünf der folgenden Symptome erforderlich: Appetitmangel oder Gewichtsverlust, Schlafstörungen, psychomotorische Agitation oder Retardation, Verlust von Interesse und Freude an gewohnten Aktivitäten (einschließlich sozialer und sexueller Aktivitäten), Energiemangel, Selbstvorwürfe oder Schuldgefühle, Konzentrationsstörungen und wiederkehrende Gedanken an Tod oder Selbstmord.

Auf den Feighner-Kriterien aufbauend entwickelten Spitzer, Endicott & Robins (1978) Diagnosekriterien für eine größere Gruppe psychischer Störungen. Diese Kriterien wurden unter dem Namen **Research Diagnostic Criteria (RDC)** bekannt. Eine depressive Störung war nach diesen Kriterien gekennzeichnet durch eine oder mehrere Perioden mit dysphorischer Stimmung oder mit einem massiven Verlust von Interesse und Freude an fast allen Aktivitäten ("Anhedonie") und durch mindestens fünf Symptome aus jener Liste, die auch in den Feighner-Kriterien verwendet worden war. Die Symptome mußten über den Zeitraum von mindestens einer Woche vorhanden sein und der Patient mußte durch die Störung in seinem Lebensvollzug merklich behindert sein oder selbst nach professioneller Hilfe gesucht haben. Das gleichzeitige Auftreten von Anzeichen einer schizophrenen Störung stellte ein Ausschlußkriterium dar.

Das von der American Psychiatric Association (1980) veröffentlichte **Diagnostische und Statistische Manual Psychischer Störungen in der dritten Auflage (DSM-III)** (deutsche Bearbeitung von Koehler & Saß 1984) schließlich war das erste operational definierte Klassifikationssystem, das auch wirklich Eingang in die klinische Praxis gefunden hat. Im DSM-III wird die Existenz einer ganzen Gruppe von "Affective Disorders" postuliert, wozu die spezifischen Störungsbilder der "Major Depression", "Bipolar Disorder", "Dysthymic Disorder" und "Cyclothymic Disorder" und einige unspezifische Formen als Restkategorien gezählt werden. Die diagnostischen Kriterien für die "Major Depression" nach DSM-III glichen im übrigen jenen der RDC insofern, als ebenfalls das Vorhandensein von dysphorischer Stimmung oder Anhedonie gefordert wurde, zusätzlich aber nur vier Symptome aus derselben Liste, die auch bei den Feighner-Kriterien und den RDC verwendet worden war. Die Symptome mußten wenigstens zwei Wochen lang bestanden haben und durften nicht auf organische Ursachen oder auf eine einfache Trauerreaktion zurückzuführen sein. Das klinische Bild durfte nicht von stimmungsinkongruenten Wahnideen oder Halluzinationen dominiert sein, schizophrene oder paranoide Störungen mußten auszuschließen sein.

Cytryn, McKnew & Bunney (1980) verglichen in einem Aufsatz die diagnostischen Kriterien der verschiedenen Diagnosesysteme miteinander (vgl. dazu auch Cantwell 1983) und drückten dabei abschließend die Hoffnung aus, daß die allgemeine Akzeptanz von DSM-III der herrschenden diagnostischen und klassifikatorischen Konfusion ein Ende bereiten möge. Tatsächlich war das DSM-III vom Zeitpunkt seiner Publikation an hinsichtlich der Anwendung bei Forschungsarbeiten zur Depression im Kindesalter eindeutig das dominierende Klassifikationssystem, bestechend einerseits durch seine klaren operationalen Kriterien und andererseits durch die im Bereich der "Affective Disorders" erstmals auch ganz offiziell durchgesetzte weitgehende diagnostische Gleichbehandlung von Kindern, Jugendlichen und Erwachsenen.

Nach relativ kurzer Zeit wurde allerdings von der American Psychiatric Association (1987) bereits eine **revidierte Fassung der dritten Auflage des Diagnostischen und Statistischen Manuals Psychischer Störungen (DSM-III-R)** herausgegeben, von welchem ebenfalls bereits eine deutsche Bearbeitung (Wittchen, Saß, Zaudig & Koehler 1989) erschienen ist.

Im DSM-III-R wurden im Vergleich zu DSM-III zwar kaum wesentliche Veränderungen der diagnostischen Kriterien, dafür aber einige zum Teil durchaus fragwürdige Änderungen in bezug auf die Bezeichnung und Einordnung der depressiven Störungen vorgenommen. Die ganze Gruppe der "Affective Disorders" aus DSM-III wurde beispielsweise im DSM-III-R plötzlich mit dem Begriff "Mood Disorders" bezeichnet. Es soll hier nicht beurteilt werden, ob derartige Änderungen wirklich substantiell zum wissenschaftlichen Erkenntnisfortschritt beitragen, gewiß leisten sie aber einen wesentlichen Beitrag zur Schaffung terminologischer Verwirrung. Dies zeigte sich bereits an den Problemen bei der Übersetzung der Begriffe in andere Sprachen. Die Bearbeiter der deutschen Version von DSM-III-R berichteten von ihren diesbezüglichen Problemen: "Besondere Schwierigkeiten bereitete die Übersetzung des Begriffes "Mood Disorders", der als Oberbegriff für die früheren Affective Disorders neu im DSM-III-R eingeführt wurde. Obwohl Lösungen wie "Stimmungsstörungen", "Verstimmungsstörungen" oder "Gemütsstörungen" lange diskutiert wurden, haben wir uns aus verschiedenen Gründen entschlossen, es bei dem englischen Begriff "Affektive Störungen" zu lassen. Auch war die Begründung der amerikanischen Begriffsänderung von Affect in Mood nicht ganz nachzuvollziehen, da der Terminus "Affective" inzwischen durch seinen Gebrauch eine Erweiterung auch auf längerdauernde, also nicht nur kurze reaktive Gemütsveränderungen erfahren hat. Die in der ersten deutschen Übersetzung gewählte Bezeichnung "Typische Depression" (für den Begriff "Major Depression", Anm. d. Verf.) hat sich nicht ganz durchsetzen können. Es ist auch nach jahrelangen Diskussionen nicht möglich gewesen, einen sachlich adäquaten und sprachlich erträglichen deutschen Begriff zu finden, so daß es beim englischen Begriff "Major Depression" geblieben ist" (Wittchen, Saß, Zaudig & Koehler 1989, S. XVII).

Angesichts der ohnehin schon vorhandenen terminologischen Verwirrung wurde vom Autor der vorliegenden Arbeit auf eigene Übersetzungen nosologischer Begriffe verzichtet. Die folgende Darstellung der Definition depressiver Störungen im Klassifikationssystem DSM-III-R orientiert sich streng an jenen Begriffen, die in der genannten deutschen Übersetzung verwendet wurden, auch wenn dabei, wie die Bearbeiter selbst konzedierten, manchmal die sprachliche Schmerzgrenze weit überschritten wurde. Dazu gehört auch, daß in der Folge (wie im amerikanischen Original und wie in der deutschen Bearbeitung von DSM-III-R) durch Großschreibung signalisiert wird, wenn ein Begriff als diagnostische Kategorie im Sinne von DSM zu verstehen ist.

Kategorien, die für die klassifikatorische Einordnung depressiver Zustandsbilder von Bedeutung sind, finden sich im DSM-III-R bei drei großen Gruppen von Störungen, nämlich bei den Affektiven Störungen, bei den Anpassungsstörungen und bei den Psychotischen Störungen, die Nicht Andernorts Klassifiziert Sind. Letztere enthalten nämlich die Kategorie der Schizoaffektiven Störung, während die Anpassungsstörungen die Kategorie der Anpassungsstörung Mit Depressiver Verstimmung beinhalten. Die für unsere Betrachtungen wichtigste Gruppe ist aber die der eigentlichen Affektiven Störungen. Diese Kategorie zerfällt in zwei Untergruppen, die Bipolaren Störungen und die Depressiven Störungen. Eine Übersicht über die Einteilung der Affektiven Störungen nach DSM-III-R wird in der folgenden Tabelle gegeben.

Tabelle 1: Affektive Störungen nach DSM-III-R

Bipolare Störungen
    Bipolare Störung, Gemischt
    Bipolare Störung, Manisch
    Bipolare Störung, Depressiv
    Zyklothyme Störung
    Nicht Näher Bezeichnete Bipolare Störung
Depressive Störungen
    Major Depression, Einzelne Episode
    Major Depression, Rezidivierend
    Dysthyme Störung (oder Depressive Neurose)
    Nicht Näher Bezeichnete Depressive Störung

Eine eigene Kategorie für depressive Störungen im Kindes- und Jugendalter existiert nicht. Der mit DSM-III-R vertretene Ansatz ist explizit auf der Annahme aufgebaut, daß die essentielle Symptomatik von Affektiven Störungen bei

Kindern, Jugendlichen und Erwachsenen gleich sei. Hinweise auf einige zusätzliche alters- und entwicklungsspezifische Erscheinungen werden im Text vermerkt, haben jedoch nur geringen Einfluß auf die diagnostischen Kriterien.

In der Folge soll die innere Struktur, der die Klassifikation der Affektiven Störungen nach DSM-III-R folgt, kurz skizziert werden. Diese Struktur ist nämlich teilweise streng hierarchisch aufgebaut, wobei dieser Aufbau aber nicht wirklich konsequent durchgehalten werden konnte, sodaß insgesamt ein ziemlich verwirrendes Bild entstand.

Den Ausgangspunkt für die klassifikatorischen Überlegungen bilden Definitionen von depressiven und manischen Symptomkonstellationen, die als Depressives, Manisches und Hypomanisches Syndrom bezeichnet werden. Unter bestimmten differentialdiagnostischen Zusatzbedingungen, die im DSM-III-R genau definiert sind, stellt das Auftreten dieser Syndrome eine Episode einer Affektiven Störung dar und zwar eine Manische Episode, eine Hypomanische Episode oder eine Depressive Episode. Das Vorliegen von Manischen, Hypomanischen und Depressiven Episoden, allein oder in verschiedenen Kombinationen miteinander, stellt wiederum auf der Ebene nosologischer Einheiten die wesentliche Grundlage für die Diagnose einer Bipolaren Störung, Gemischt, Manisch oder Depressiv, sowie für die Diagnose der Major Depression, Einzelne Episode oder Rezidivierend, dar. Allerdings gelten für die Zyklothyme Störung, die Dysthyme Störung und die Nicht Näher Bezeichnete Bipolare und Depressive Störung wieder eigene diagnostische Kriterien.

Da im vorliegenden Zusammenhang besonders die depressive Seite der Affektiven Störungen interessiert, sei exemplarisch der Aufbau der Definition einer Major Depression dargestellt. Ausgangspunkt für die Diagnose ist das Depressive Syndrom. Ein Depressives Syndrom im Rahmen einer Major Depression muß folgende Kriterien erfüllen (Wittchen, Saß, Zaudig & Koehler 1989, S. 276-277):

"Mindestens fünf der folgenden Symptome bestehen während derselben Zwei-Wochen-Periode und stellen eine Änderung gegenüber der vorher bestehenden Leistungsfähigkeit (im amerikanischen Original "previous functioning", Anm. d. Verf.) dar; mindestens eines der Symptome ist entweder (1) depressive Verstimmung oder (2) Verlust an Interesse oder Freude. (Schließe keine Symptome mit ein, die eindeutig durch einen körperlichen Zustand, stimmungsinkongruenten Wahn oder Halluzinationen, Zerfahrenheit oder ausgeprägte Lockerung der Assoziationen bedingt sind).

(1) Depressive Verstimmung (oder reizbare Verstimmung bei Kindern und Adoleszenten) die meiste Zeit des Tages, beinahe jeden Tag, vom Betroffenen selbst angegeben oder von anderen beobachtet;

(2) Deutlich vermindertes Interesse oder Freude an allen oder fast allen Aktivitäten, die meiste Zeit des Tages, beinahe jeden Tag (entweder nach subjektivem Ermessen oder für andere meistens als apathisch beobachtbar).

(3) Deutlicher Gewichtsverlust oder Gewichtszunahme ohne Diät (z.B. mehr als 5% des Körpergewichts in einem Monat) oder verminderter Appetit beinahe jeden Tag (bei Kindern ist das Ausbleiben der zu erwartenden Gewichtszunahme zu beobachten);

(4) Schlaflosigkeit oder vermehrter Schlaf beinahe jeden Tag;

(5) Psychomotorische Unruhe oder Hemmung beinahe jeden Tag (beobachtbar von anderen, nicht nur das subjektive Gefühl der Ruhelosigkeit oder Verlangsamung);

(6) Müdigkeit oder Energieverlust beinahe jeden Tag;

(7) Gefühl der Wertlosigkeit oder exzessive oder unangemessene Schuldgefühle (die wahnhaft sein können) beinahe jeden Tag (nicht nur Selbstanklage oder Schuldgefühle wegen des Krankseins);

(8) Verminderte Fähigkeit zu denken oder sich zu konzentrieren oder Entscheidungsunfähigkeit beinahe jeden Tag (vom Betroffenen selbst angegeben oder von anderen beobachtet);

(9) Wiederkehrende Gedanken an den Tod (nicht nur Angst vor dem Tod), wiederkehrende Suizidideen ohne einen genauen Plan oder ein Suizidversuch oder ein genauer Plan für einen Suizidversuch."

Ein den obigen Kriterien entsprechendes depressives Syndrom wird nur dann als Episode einer Major Depression betrachtet, wenn (a) die Störung nicht durch einen organischen Faktor hervorgerufen oder aufrechterhalten wurde, (b) die Störung nicht durch eine Trauerreaktion erklärbar ist, (c) keine länger anhaltenden Wahnvorstellungen oder Halluzinationen ohne affektive Symptome aufgetreten sind und (d) die Störung nicht "aufgesetzt" ist (im amerikanischen Original "superimposed") auf die DSM-III-R Kategorien Schizophrenie, Schizophreniforme Störung,

Wahnhafte Störung oder Nicht Näher Bezeichnete Psychotische Störung. Nach der Art der obigen Definition werden im DSM-III-R auch noch Manische und Hypomanische Episoden definiert, worauf hier nicht näher eingegangen werden soll.

Die Diagnose einer Major Depression, Einzelne Episode, wird dann gestellt, wenn eine Depressive Episode festgestellt werden kann, ohne daß beim Patienten jemals eine Manische oder Hypomanische Episode aufgetreten ist.

Eine Major Depression, Rezidivierend, wird diagnostiziert, wenn in einem Abstand von mindestens zwei Monaten, in denen die frühere Leistungsfähigkeit mehr oder weniger wiederhergestellt war, zwei oder mehrere depressive Episoden aufgetreten sind und noch niemals eine Manische oder Hypomanische Episode festgestellt werden konnte.

Bipolare Störungen, Manisch, Depressiv oder Gemischt, werden diagnostiziert, wenn beim Patienten entweder Manische Episoden alleine (Manisch), oder eine Abfolge mindestens einer Manischen und Depressiven Episode (Depressiv) oder ein rascher Wechsel, bzw. ein Mischzustand zwischen beiden (Gemischt), zu beobachten ist.

Wie bereits erwähnt, werden Zyklothyme und Dysthyme Störungen nach eigenen, getrennt dargestellten diagnostischen Kriterien definiert. Diese beiden Störungen sollen mehr durch ihre lange Dauer (mindestens zwei Jahre, bei Kindern und Jugendlichen ein Jahr) als durch die Schwere des auftretenden psychopathologischen Zustandsbildes imponieren, wobei es sich bei der Zyklothymen Störung um eine chronische aber mildere Form einer Bipolaren Störung, bei der Dysthymen Störung um die entsprechende Form einer Depressiven Störung handelt.

Die Dysthyme Störung umfaßt dabei ungefähr jenes Störungsbild, das auch oft als depressive Neurose bezeichnet wird, nämlich (nach Wittchen, Saß, Zaudig & Koehler 1989, S.288-289):

(A) Der Betroffene hat während der letzten zwei Jahre (bei Kindern und Adoleszenten ein Jahr) die meiste Zeit des Tages und mehr als die Hälfte aller Tage unter depressiver Verstimmung (bei Kindern und Jugendlichen auch reizbare Stimmung) gelitten, die entweder vom Patienten selbst berichtet oder von anderen beobachtet wurde. Es darf in der Zweijahresperiode (Einjahresperiode bei Kindern und Jugendlichen) der Störung keinen Zeitraum von mehr als zwei Monaten ohne diese Verstimmung geben und außerdem keinen Anhaltspunkt für eine eindeutige Episode einer Major Depression während der ersten zwei Jahre (bei Kindern und Jugendlichen während des ersten Jahres) der Störung.

(B) Während der depressiven Verstimmung bestehen mindestens zwei der folgenden Symptome:
    (1) Appetitlosigkeit oder übermäßiges Bedürfnis zu essen;
    (2) Schlaflosigkeit oder mangelndes Schlafbedürfnis;
    (3) Wenig Energie oder Erschöpfung;
    (4) Niedriges Selbstwertgefühl;
    (5) Geringe Konzentrationsfähigkeit oder Entscheidungsschwierigkeiten;
    (6) Gefühl der Hoffnungslosigkeit.

Die nach DSM-III-R erfolgte diagnostische Zuordnung unterschiedlich schwer ausgeprägter depressiver Zustandsbilder zur Kategorie der Major Depression und zur Kategorie der Dysthymen Störung machte es nötig, auch eine Handlungsanweisung für den Fall vorzusehen, daß von einem Patienten gleichzeitig die diagnostischen Kriterien beider Störungen erfüllt werden. Hier treten die Entwickler des

Klassifikationssystems mit dem Konzept der "Komorbidität" gewissermaßen die Flucht nach vorne an. Analog zu den Verhältnissen in der klassischen Organmedizin, wo es durchaus nicht ungewöhnlich ist, daß ein Patient an zwei verschiedenen Krankheiten gleichzeitig leidet, werden auch nach DSM-III-R in solchen Fällen beide (oder sogar mehr als zwei) Diagnosen gleichzeitig gestellt. Im Zusammenhang mit den depressiven Störungen erhielt dieses Phänomen in der Fachliteratur auch schon einen eigenen Namen, den der "doppelten Depression" ("double depression", siehe dazu auch Keller & Shapiro 1982). Nur wenn eine Dysthyme Störung zeitlich unmittelbar auf eine Major Depression folgt, sollte allein die Diagnose einer Major Depression, die sich in teilweiser Remission befindet, gestellt werden.

Die Restkategorien der Nicht Näher Bezeichneten Bipolaren Störung und der Nicht Näher Bezeichneten Depressiven Störung im DSM-III-R dienen zur Beschreibung depressiver Zustandsbilder, die nicht den Kriterien für eine der spezifischen Bipolaren oder Depressiven Störungen und auch nicht den Kriterien für eine Anpassungsstörung mit Depressiver Verstimmung oder für eine Schizoaffektive Störung entsprechen.

3.3. Zur Validität der nosologischen Kategorien

Im Hinblick auf den Versuch einer Validierung der Affektiven Störungen als im Kindesalter gültige nosologische Einheiten liegen aus den letzten Jahren einige empirische Studien vor, deren wichtigste Ergebnisse in der Folge kurz dargestellt werden sollen. Die folgenden Ausführungen sind also, das sei zum Zweck der Klarheit vermerkt, keine Übersicht über den generellen Stand der Forschung zu Auftretenshäufigkeit und Korrelaten depressiver Befindlichkeit bei Kindern, sondern beziehen sich primär auf die Frage, inwieweit spezifische Konzepte depressiver Störungen im Kindesalter durch die vorliegenden empirischen Daten gestützt werden.

Von allen erwähnten Subtypen Affektiver Störungen hat dabei naturgemäß die Kategorie der Major Depression am meisten Aufmerksamkeit gefunden. Die dazu vorliegenden Arbeiten beziehen sich allerdings wegen der Neuheit von DSM-III-R meist noch auf die Definition der Affektiven Störungen nach DSM-III, wo besonders erwähnt auch auf die Kriterien von Feighner oder auf die RDC, die in bezug auf die Major Depression den Kriterien von DSM-III-R zwar sehr ähnlich, aber nicht damit vollkommen deckungsgleich sind.

3.3.1. Prävalenz

Die erste grundsätzliche Frage, ob denn bei Kindern überhaupt Störungsbilder vorkämen, die den Erwachsenenkriterien für eine Major Depression entsprächen, wurde bereits zu einem sehr frühen Zeitpunkt in Arbeiten von Kuperman & Stewart (1979) für die Definition nach den Feighner-Kriterien, von Puig-Antich, Blau, Marx, Greenhill & Chambers (1978) und Puig-Antich (1982b) für die RDC und von Carlson & Cantwell (1979) und Kashani & Simonds (1979) für DSM-III (unter Verwendung eines bereits im Jahre 1978 für Forschungszwecke zugänglich gemachten Entwurfs des Klassifikationssystems) grundsätzlich positiv beantwortet.

Die berichteten Prävalenzraten in klinischen Stichproben liegen sogar relativ hoch, wenngleich die Kriterien von DSM-III eindeutig strenger als die Weinberg-Kriterien sind. (Entsprechende empirische Vergleiche der beiden Sätze von diagnostischen Kriterien wurden von Carlson & Cantwell 1982, Lobovits & Handal 1985, und Poznanski, Mokros,

Grossmann & Freeman 1985 durchgeführt). Kashani, Barbero & Bolander (1981) fanden beispielsweise, daß 7% der von ihnen untersuchten stationär aufgenommene Patienten einer Kinderklinik im Alter von 7 bis 12 Jahren die DSM-III-Kriterien für eine Major Depression erfüllten. In der ähnlich angelegten Untersuchung von Kashani, Venzke & Millar (1981) waren es 23% aus einer Stichprobe pädiatrischer Patienten. Lobovits & Handal (1985) fanden in einer Gruppe von 50 Kindern im Alter von 8 bis 12 Jahren, die wegen Schul- und/oder Verhaltensproblemen an psychologische Beratungsstellen überwiesen worden waren, bei 22% der Kinder eine Major Depression nach DSM-III, wenn man das Interview mit den Müttern als diagnostische Information zugrundelegte. Die Prävalenz stieg auf 34%, wenn nach dem Interview mit den Kindern selbst diagnostiziert wurde. Die Diagnose einer Depression wurde bei beiden Geschlechtern gleich häufig gestellt. In einer Stichprobe von kinderpsychiatrischen Patienten fanden Carlson & Cantwell (1982) eine Prävalenz von insgesamt 28% für Affektive Störungen nach DSM-III. Kazdin (1989b) berichtete, daß sich ein Viertel der von ihm untersuchten zur stationären Behandlung zugewiesenen kinderpsychiatrischen Patienten als depressiv im Sinne einer Major Depression nach DSM-III erwiesen hatte.

In bezug auf unausgelesene Kinderpopulationen konvergieren die Ergebnisse von Prävalenzschätzungen für eine Major Depression bei Werten, die knapp unter oder um 2% liegen (vgl. Fleming & Offord 1990). In einer großen unausgelesenen Stichprobe von Neunjährigen aus der Normalpopulation fanden Kashani, McGee, Clarkson, Anderson, Walton, Williams, Robins, Cytryn & McKnew (1983) in Neuseeland beispielsweise eine Prävalenz von 1.8% für eine Major Depression nach DSM-III. Dies stimmt gut mit der Schätzung von Kashani & Simonds (1979) von 1.9% in einer psychiatrisch unauffälligen Stichprobe von amerikanischen Kindern im Alter von 7 bis 12 Jahren überein. Velez, Johnson & Cohen (1989) diagnostizierten bei einer größeren epidemiologischen Studie in New York bei 2.5% der untersuchten Kinder eine Major Depression. Mit zunehmendem Alter der Kinder scheinen depressive Störungen häufiger zu werden. Bei Jugendlichen im Alter von 14 bis 16 Jahren wurde eine fast doppelt so hohe Prävalenz, nämlich 4.7% für eine Major Depression und 3.3% für die Dysthyme Störung gefunden (Kashani, Carlson, Beck, Hoeper, Corcoran, McAllister, Fallahi, Rosenberg & Reid 1987).

Der Altersbereich, in dem die diagnostischen Kriterien von DSM-III angewendet werden, wurde in den letzten Jahren immer weiter nach unten ausgedehnt. Nachdem sich schon Earls (1982) und Kashani (1983) vorsichtig positiv über die Anwendbarkeit des DSM-III bei sehr jungen Kindern geäußert hatten, berichteten Kashani, Ray & Carlson (1984) von Kindern im Vorschulalter, die eine nach DSM-III definierte Depression zeigten. Entsprechende Beobachtungen an Vorschulkindern wurden in der Folge in den Arbeiten der Forschergruppe um Kashani (Kashani 1985, Kashani & Carlson 1985, 1987, Kashani, Carlson, Horwitz & Reid 1985, sowie Kashani, Holcomb & Orvaschel 1986) weiter verfolgt. Die Prävalenz depressiver Störungen im Vorschulalter dürfte allerdings nur einen Bruchteil der bei Kindern im Schulalter beobachteten betragen. Eine sehr gute Sammlung von Informationen zum Problem depressiver Störungen bei Kindern im Vorschulalter stellen übrigens auch die beiden Bücher von Trad (1986, 1987) dar.

Die bloße Tatsache aber, daß es ganz offensichtlich einige Vorschulkinder, Schulkinder und Jugendliche gibt, die die Kriterien für eine Major Depression nach DSM-III erfüllen, ist an sich noch kein hinreichender und logisch überzeugender

Beweis dafür, daß es sich dabei auch um dieselbe Störung wie bei den Erwachsenen handelt oder daß das so definierte depressive Syndrom bei Kindern in größerem Maß ein zusammengehöriges Cluster von Symptomen repräsentiert als jede andere beliebige (z.B. nach dem Zufallsprinzip zusammengestellte) Symptomkonfiguration.

3.3.2. Komorbidität

Die starke bei empirischen Untersuchungen beobachtete "Komorbidität" der Affektiven Störungen mit anderen nach DSM-III definierten Störungen scheint eher gegen die Annahme von diskreten Störungsbildern, wie sie im Klassifikationssystem konzipiert sind, zu sprechen. Beardslee, Klerman, Keller, Lavori & Podorefsky (1985) erwähnen zum Beispiel bei der Besprechung von neun depressiven Jugendlichen, die sie bei der Untersuchung von Kindern depressiver Eltern gefunden hatten, daß bei mehr als der Hälfte dieser Kinder neben einer Major Depression auch noch andere nach DSM-III diagnostizierbare Störungen festzustellen waren. In einer Studie von Ryan, Puig-Antich, Ambrosini, Rabinovich, Robinson, Nelson, Iyengar & Twomey (1987), in der 95 depressive Kinder und 92 depressive Jugendliche untersucht worden waren, traten ebenfalls ausgesprochen häufig multiple Diagnosen auf. Gleichzeitig mit der Major Depression wurden dabei hauptsächlich folgende andere Störungen nach DSM-III diagnostiziert: Verhaltensstörungen (bei 16% der Kinder und bei 11% der Jugendlichen mit einer Major Depression), Angstsyndrom mit Trennungsangst (58%,37%), Angstsyndrom mit Vermeidungsverhalten (45%,27%), Angstsyndrom mit Überängstlichkeit (20%,20%), Zwangssyndrom (11%,11%). Bei 43% der Kinder und 48% der Jugendlichen vermuteten die Autoren eine zusätzliche Dysthyme Störung ("double depression"). Geller, Chestnut, Miller, Price & Yates (1985) berichteten, daß bei über 80% der von ihnen untersuchten Kinder und Jugendlichen, die den Kriterien für eine Major Depression nach DSM-III entsprachen, zusätzlich Trennungsangst feststellbar war, sowie bei 11% der Kinder und immerhin fast 35% der Jugendlichen antisoziale Verhaltensweisen (ähnliche Beobachtungen wurden auch von Mitchell, McCauley, Burke & Moss 1988 berichtet). Die genannten Symptome wurden übrigens im DSM-III auch als häufig auftretende altersspezifische Nebenmerkmale der Major Depression bei Kindern und Jugendlichen erwähnt. Speziell mit der Überlappung von Affektiven Störungen und Verhaltensstörungen beschäftigten sich Puig-Antich (1982a) und Marriage, Fine, Moretti & Haley (1986).

In der schon erwähnten epidemiologischen Studie von Kashani, Carlson, Beck, Hoeper, Corcoran, McAllister, Fallahi, Rosenberg & Reid (1987) hatten überhaupt ausnahmslos alle Jugendlichen, bei denen eine Major Depression festgestellt worden war, und ebenso ausnahmslos alle Jugendlichen mit Dysthymen Störungen, auch andere nach DSM-III diagnostizierbare Störungen aufgewiesen. Diese erstaunliche Überschneidung der nach DSM-III definierten Affektiven Störungen mit anderen Störungsbildern, beziehungsweise einige daraus resultierenden Probleme bei der Abgrenzung der einzelnen nosologischen Einheiten standen auch in der Arbeit von Freeman, Poznanski, Grossman, Buchsbaum & Banegas (1985) im Mittelpunkt der Überlegungen. Von den Autoren wurden die diagnostischen Daten von einigen Kindern im Schulalter diskutiert, die einerseits entweder den Kriterien für eine Major Depression oder eine Bipolare Störung mit psychotischen Zeichen entsprachen, und andererseits auch gleichzeitig den Kriterien für eine Schizoaffektive Störung. Für die Autoren erhob sich die

Frage, ob die Störung dieser Kinder nach DSM-III nun am besten als Episode einer Major Depression mit psychotischen Zeichen, als Bipolare Störung mit psychotischen Zeichen, oder als juvenile Form einer Schizoaffektiven Störung zu betrachten sei. Für den empirisch ausgerichteten Psychologen hingegen erhebt sich die Frage, ob sich nicht auf diese Art die Vernachlässigung der Probleme um die innere Validität des Klassifikationssystems rächt, oder, noch viel grundsätzlicher, ob nicht einfach die typologisch-klassifikatorische Herangehensweise von DSM-III den zu erfassenden psychischen Phänomenen teilweise unangemessen ist.

Bemühungen, die nosologische Einheit der Major Depression bei Kindern empirisch zu validieren und auch die Verbindung zum entsprechenden Störungsbild bei Erwachsenen herzustellen, werden nach der im wesentlichen aus der Organmedizin stammenden Forschungslogik der Psychiatrie auf vier Ebenen unternommen. Nach diesem Modell spräche es für die korrekte Beschreibung der entsprechenden nosologischen Einheiten, wenn erstens unter den Verwandten der affektiv gestörten Kinder eine familiäre Häufung Affektiver Störungen festgestellt werden kann, wenn zweitens auch die Kinder mit Affektiven Störungen auf die übliche antidepressive Medikation ansprächen, wenn drittens ein spezifischer Verlauf der beschriebenen Störungen auch bei Kindern nachgewiesen werden könnte, und wenn viertens die affektiv gestörten Kinder ähnliche psychologische und möglichst auch biologische Auffälligkeiten zeigten wie erwachsene depressive Patienten.

3.3.3. Familiäre Häufung

Die familiäre Häufung des Auftretens Affektiver Störungen ist unbestritten und konnte sowohl bei der Untersuchung der

Verwandten von depressiven Kindern (z.B. schon in den frühen Arbeiten von Ling, Oftedal & Weinberg 1970, Weinberg, Rutman, Sullivan, Penick & Dietz 1973) wie auch umgekehrt bei Untersuchungen der Kinder depressiver Erwachsener (z.B. Kashani, Burk & Reid 1985, Welner & Rice 1988, Lavori, Keller, Beardslee & Dorer 1988) festgestellt werden (vgl. auch Ryan 1989). Doch die Ähnlichkeiten zwischen der Befindlichkeit von Kindern und ihren Eltern kommen weitgehend unabhängig von den angewandten diagnostischen Kriterien für die Affektiven Störungen zutage und sind deshalb kein logisch stringenter Beweis für die Gültigkeit einer bestimmten Definition, etwa derjenigen nach DSM-III. Eltern und ihre Kinder weisen beispielsweise oft auch überzufällige Ähnlichkeiten in bezug auf ihre Scores in psychologischen Depressionstests auf (z.B. Rossmann & Kristopheritsch 1984, Forehand & Smith 1986). Andererseits ist für die Kinder depressiver Eltern nicht nur das Risiko für Affektive Störungen, sondern auch das Risiko für eine Reihe von anderen psychopathologischen Störungen erhöht (z.B. Weissman, Gammon, John, Merikangas, Warner, Prusoff, Sholomskas 1987, Orvaschel, Walsh-Allis & Ye 1988) und umgekehrt ist nicht nur unter den Kindern affektiv gestörter Eltern, sondern beispielsweise auch bei Alkoholikerkindern ein erhöhtes Risiko für das Auftreten Affektiver Störungen und depressiver Verstimmungen festzustellen (z.B. Huber 1989, Mitchell, McCauley, Burke, Calderon & Schloredt 1989)

3.3.4. Ansprechen auf antidepressive Medikation

Auch das Ansprechen auf die entsprechenden Psychopharmaka stellt wegen der Unspezifität der Wirkung antidepressiver Medikamente kein besonders starkes Argument für die Validität der Kategorie der Major Depression bei Kindern dar. Es ist bekannt, daß die meisten Antidepressiva ein relativ breites Wirkungsspektrum aufweisen, also neben antidepressiven auch deutlich anxiolytische und/oder sedative Wirkungen entfalten. Deshalb darf es nicht verwundern, wenn auf antidepressive Medikation zum Teil auch Kinder (und Erwachsene) mit eindeutig nichtdepressiven Störungen bestens ansprechen (vgl. Cantwell 1985, Harrington 1989). Nach einer Pilotstudie (Puig-Antich, Blau, Marx, Greenhill & Chambers 1978), in der Hinweise für die Wirksamkeit von Imipramin bei RDC-depressiven Kindern gefunden wurden, berichtete Puig-Antich (1982a), daß ein Drittel der von ihm behandelten depressiven Knaben (nach RDC diagnostiziert) zusätzlich auch noch den Kriterien für eine Verhaltensstörung (nach DSM-III) entsprochen hatten. Bei einem positiven Ansprechen auf Imipramin waren in den meisten Fällen auch diese Verhaltensauffälligkeiten verschwunden.

3.3.5. Verlauf

In bezug auf Verlaufsstudien existieren derzeit noch keine empirischen Belege dafür, daß aus Kindern mit einer Major Depression schließlich Erwachsene mit derselben Störung werden. Von der Gruppe um Maria Kovacs vom Western Psychiatric Institute, Pittsburgh, wird derzeit eine Längsschnittstudie über den Verlauf der nach DSM-III definierten Affektiven Störungen im Schulkindalter durchgeführt. Die bislang zugänglich gemachten Ergebnisse dieses Forschungsprojekts sind in sechs Artikeln zu finden (Kovacs, Feinberg, Crouse-Novak, Paulauskas & Finkelstein 1984, Kovacs, Feinberg, Crouse-Novak, Paulauskas, Pollock & Finkelstein 1984, Kovacs 1985b, Kovacs, Paulauskas, Gatsonis & Richards 1988, Kovacs, Gatsonis, Paulauskas &

Richards 1989, Kovacs 1989). Die Berichte beziehen sich jeweils auf Teilstichproben aus einer Gruppe von insgesamt 142 ambulanten depressiven Patienten, die im Alter von 8 bis 13 Jahren erstmals erfaßt worden waren. Nachuntersuchungen wurden im ersten Jahr nach zwei, sechs und zwölf Monaten durchgeführt und danach in halbjährlichen Abständen. Eine diagnostisch heterogene Kontrollgruppe von 49 altersmäßig vergleichbaren psychiatrischen Patienten mit nichtaffektiven psychischen Störungen wird ebenfalls erwähnt. Die Gruppe der depressiven Kinder wurde nach DSM-III-Diagnosen in drei Subgruppen geteilt, nämlich in Patienten mit Major Depression, Patienten mit einer Dysthymen Störung und Patienten mit einer Anpassungsstörung Mit Depressiver Verstimmung. Da eine Reihe von Patienten gleichzeitig mehr als eine Diagnose erhalten hatte, waren diese auch gleichzeitig in mehr als einer Gruppe zu finden.

Hinsichtlich ihres Verlaufs scheint die Anpassungsstörung Mit Depressiver Verstimmung die günstigste Prognose aufzuweisen. Das klinische Bild war durchschnittlich nur über die Dauer von fünfeinhalb Monaten feststellbar und remittierte in 90% der Fälle nach spätestens neun Monaten. Über eine bislang mehr als sechsjährige Beobachtungsperiode konnte bei keinem Patienten dieser Subgruppe das spätere Auftreten einer Major Depression beobachtet werden. Es scheint also ein ziemlich geringes Risiko zu bestehen, daß sich die Anpassungsstörung zu einer "echten" Depression auswachsen könnte.

Bei einem Kind, das das Bild einer Major Depression zeigt, muß hingegen mit einer durchschnittlichen Dauer der gegenwärtigen Episode von etwa siebeneinhalb Monaten gerechnet werden. Erst nach eineinhalb Jahren waren über 90% der Fälle in der Remissionsphase, die zudem selten länger als zwei Jahre dauerte. Innerhalb eines Zeitraumes von fünf Jahren trat mit einer Wahrscheinlichkeit von über 70% bereits eine weitere Episode auf. Die Kinder mit dieser Diagnose entsprachen außerdem mit hoher Wahrscheinlichkeit (in 79% der Fälle!) zusätzlich auch noch den diagnostischen Kriterien für andere Störungen nach DSM-III, insbesondere den Kriterien für eine Dysthyme Störung und für Angststörungen.

Diejenigen jungen Patienten schließlich, die den Kriterien für das Vorliegen einer Dysthymen Störung entsprechen, scheinen diejenigen mit der kompliziertesten und chronifiziertesten Problematik zu sein. Dies dürfte wohl hauptsächlich auf die Auswahl der Patienten nach der *per definitionem* in den diagnostischen Kriterien geforderten jahrelangen Dauer der Schwierigkeiten zurückzuführen sein. Die durchschnittliche Dauer des klinischen Bilds der Dysthymen Störung lag in der beobachteten Stichprobe bei drei Jahren, eine Remissionsrate von annähernd 90% war erst nach über sechs Jahren zu beobachten. Die Wahrscheinlichkeit ist extrem hoch (93%), daß bei den Kindern, die dem klinischen Bild der Dysthymen Störung entsprechen, zusätzlich noch ein anderes psychiatrisches Störungsbild festzustellen ist, wobei in erster Linie die punktuelle Überlagerung durch das Bild einer Major Depression zu erwähnen ist ("double depression"), und in zweiter Linie das zusätzliche Auftreten einer Angststörung.

Schließlich ist von den Ergebnissen dieser Studien noch erwähnenswert, daß in allen affektiven Diagnosegruppen etwa gleich viele Knaben und Mädchen festzustellen waren. Diese Beobachtungen stehen auf der einen Seite im Gegensatz zum allgemeinen Überwiegen der Knaben in kinderpsychiatrischen und kinderpsychologischen Settings, wie auch auf der anderen Seite im Gegensatz zum deutlichen Überwiegen der Frauen unter den erwachsenen depressiven Patienten.

3.3.6. Biologische und psychosoziale Auffälligkeiten

Zu der Frage nach biologischen Auffälligkeiten depressiver Kinder wurde von der Forschergruppe um Puig-Antich von der New Yorker Columbia University eine ganze Reihe von Untersuchungen durchgeführt. Bei einer Schlaflabor-Studie von Puig-Antich, Goetz, Hanlon, Davies, Thompson, Chambers, Tabrizi & Weitzman (1982) konnten keine Auffälligkeiten der (nach RDC) depressiven Kinder festgestellt werden. Hinsichtlich der Sekretion von Wachstumshormonen, Cortisol, Prolactin und in bezug auf die Anwendung des Dexamethason-Suppressions-Tests bei Kindern liegen ebenfalls recht uneinheitliche Berichte vor (vgl. Puig-Antich, Novacenko, Goetz, Corser, Davies & Ryan 1984, Puig-Antich 1986, 1987).

In Studien über die von den Eltern berichteten Auffälligkeiten in der psychosozialen Anpassung von Kindern mit Affektiven Störungen (Kazdin, Sherick, Esveldt-Dawson & Rancurello 1985, Puig-Antich, Lukens, Davies, Goetz, Brennan-Quattrock & Todak 1985a,b) konnten nur wenige Beeinträchtigungen festgestellt werden, die nicht auch für die Kinder aus klinischen Kontrollgruppen mit anderen psychischen Störungen berichtet worden wären.

3.3.7. Zusammenfassende Einschätzung

Zusammenfassend muß festgestellt werden, daß im Hinblick auf die Validierung des klinischen Syndroms der Depression bei Kindern und im Hinblick auf die Validierung der zur Klassifikation verwendeten nosologischen Einheiten die Ergebnisse der entsprechenden Studien ziemlich dürftig sind. Nach dem derzeitigen Stand der Forschung kann über die Gültigkeit der entsprechenden Kategorien von DSM-III (und DSM-III-R) noch immer nicht viel mehr gesagt werden, als daß es offensichtlich wirklich Kinder gibt, die den vorgeschlagenen diagnostischen Kriterien für die Affektiven Störungen entsprechen. Diese Meinung wird auch von Quay, Routh & Shapiro (1987, S.524) in einem diesbezüglichen Übersichtsreferat vertreten: "At present, the strongest argument that can be made for the existence of clinical depression in children is that many different studies, using reliable assessment methods, have found a significant number of children who fit rigorous adult-oriented criteria for depression. The skeptic can argue that the concept of a depression syndrome should rest on evidence gathered using a child subject population, or at least be supported by longitudinal data showing depressed children to be at higher risk for adult affective disorders. Few such data exist at present."

Was hier für die Kategorien Affektiver Störungen gesagt wird, gilt im übrigen auch für viele andere im DSM-III und DSM-III-R beschriebenen diagnostischen Kategorien, und zwar in eher noch stärkerem Ausmaß, weil andere Störungsbilder im Vergleich zu den Affektiven Störungen noch seltener im Blickpunkt entsprechender Forschungsbemühungen gestanden haben. Bei der derzeitigen Lage der Dinge kann man den Mitgliedern von Klassifikationskomitees nur dringend empfehlen, die empirische Validierung der von ihnen vorgeschlagenen Kategorien voranzutreiben, anstatt die Taxonomien und Kategoriensysteme in unendlichen und immer schneller aufeinander folgenden Revisionen an immer neue Ordnungsphantasien anzupassen. (An DSM-IV wird bereits gearbeitet, eine Vorschau der Arbeitsgruppe für die kinder- und jugendpsychiatrisch relevanten Störungen ist nachzulesen bei Shaffer, Campbell, Cantwell, Bradley, Carlson, Cohen, Denckla, Frances, Garfinkel, Klein, Pincus,

Spitzer, Volkmar & Widinger 1989, siehe dazu auch Cantwell & Baker 1988). Bei den bisher vorliegenden empirischen Studien zur inneren Validität der Kategoriensysteme zeichnen sich allerdings unseres Erachtens auch immer deutlicher ganz grundsätzliche Probleme der Taxonomien und des Denkens in kategorialen Systemen in der Psychopathologie ab. Diese Frage wird allerdings voraussichtlich noch lange Zeit für Diskussionsstoff sorgen, da durch die kategoriale Denkweise in "Krankheitseinheiten" die Psychiatrie gewissermaßen an die Forschungstradition der Medizin angeschlossen ist. Alternative Ansätze dazu, zum Beispiel dimensionale Modelle, stammen üblicherweise aus anderen (nämlich meist aus psychologischen) Denk- und Forschungstraditionen und rütteln damit an den Grundfesten des wissenschaftlichen und methodologischen Selbstverständnisses der Psychiatrie, und damit natürlich auch an historisch gewachsenen Machtpositionen.

Grundsätzlich wäre aber sogar innerhalb eines kategorialen Modells der Versuch einer empirischen Ableitung von Gruppen zusammengehöriger Symptome vorstellbar. Eine Reihe von klassischen und neueren multivariaten Analyseverfahren könnte zur Identifikation von Syndromen eingesetzt werden, beispielsweise Konfigurationsfrequenzanalyse, Clusteranalyse, Diskriminanzanalyse und Faktorenanalyse. Vielleicht ließe sich bei der Analyse empirischer Daten eine Gruppe von Symptomen finden, die als Hinweis auf das Vorhandensein einer nosologischen Einheit "depressive Störung bei Kindern und Jugendlichen" interpretiert werden könnte. Die neuesten dazu vorliegenden Versuche sprechen allerdings nicht unbedingt für diese Annahme (z.B. Nurcombe, Seifer, Scioli, Tramontana, Grapentine & Beauchesne 1989, Seifer, Nurcombe, Scioli & Grapentine 1989, Verhulst 1989). Die

Validität der auf solchen Syndromen aufgebauten Diagnosen könnte und müßte natürlich dann weiter empirisch geprüft werden, indem Kinder, die dieses Syndrom zeigen, hinsichtlich verschiedener theoretisch relevanter Variabler mit allen möglichen anderen Kindern verglichen werden, beispielsweise mit solchen, die nur einzelne Symptome (etwa Dysphorie allein) zeigen, aber auch mit solchen, die andere Symptomkombinationen aufweisen. Obwohl diese Gedankengänge keineswegs neu sind, sondern im Hinblick auf ihre Anwendbarkeit in der Erforschung depressiver Zustände bei Kindern ebenfalls schon von Rutter (1972) zur Diskussion gestellt wurden und im Hinblick auf die Anwendung in der Psychiatrie allgemein von Kendell (1978) bereits ausführlich diskutiert worden sind, hat sich die Forschungspraxis bis heute nicht daran orientiert. Der vom Hauptstrom psychiatrischer Forschung eingeschlagene Weg war und ist die Beschreibung und Abgrenzung klinischer Syndrome durch Übereinkunft verschiedener Komitees, die jeweils aus führenden Fachleuten zusammengesetzt sind, und der Einsatz streng empirischer Forschungsstrategien erst und lediglich bei der Validierung dieser per Konsens erarbeiteten Syndrome. Dementsprechend erwarten die Autoren des Klassifikationssystems selbst, daß "it is likely that future research will lead to revision and deletion of some categories and to the addition of some other categories not present in DSM-III" (Spitzer & Cantwell 1980, S.369). Die eigentlich vernünftigerweise vor einer Syndromdefinition zu stellenden Fragen nach der inneren Konsistenz jener Symptomlisten, die zur Erstellung diagnostischer Kriterien für eine bestimmte Störung herangezogen werden sollen, werden interessanterweise bis heute fast ausschließlich von Psychologen diskutiert (vgl. z.B. Fritze 1988).

Allerdings orientiert sich die neuere empirisch-psychologische Forschung in ihrer starken Betonung quantitativer Forschungsstrategien beinahe ausschließlich an dimensionalen Ansätzen. Die in dieser empirischen Tradition ausgebildeten Wissenschafter sind daran gewöhnt, die Ausprägung der sie interessierenden Merkmale auf Kontinua abzubilden und neigen daher generell eher zu Kontinuitätsannahmen anstelle von diskreten Kategorisierungen. Aus dieser Sicht stellen Typologien, Taxonomien und Klassifikationssysteme, verglichen mit dimensionalen Erfassungsansätzen, meist einen Verlust an ordinaler und metrischer Information und an Genauigkeit (d.h. auch einen Verlust an maximal erzielbarer Zuverlässigkeit und Gültigkeit) dar und üben schon allein aus diesem Grund auf die psychologische Theorienbildung in letzter Zeit keinen nennenswerten Einfluß mehr aus.

Eine interessante Anwendung von dimensionalen Konzepten auf die Erarbeitung einer empirisch abgeleiteten Einteilung der Verhaltensprobleme von Kindern und Jugendlichen stellen die Arbeiten von Achenbach und seinen Mitarbeitern dar. Beim methodischen Vorgehen der Autoren handelt es sich, kurz gesagt, um Faktorenanalysen von Selbst- und Fremdbeschreibungen von Kindern und Jugendlichen anhand von umfangreichen Symptomlisten, die den Kindern selbst, ihren Eltern, Lehrern, Erziehern und anderen wichtigen Bezugspersonen als Fragebogen (Child Behavior Checklist CBCL) vorgegeben wurden. Da sich aber diese Studien nicht alleine auf das Depressionsproblem beziehen, sondern einen viel weiteren theoretischen Bezugsrahmen haben, soll der an diesen Entwicklungen interessierte Leser hier lediglich auf die entsprechenden Originalarbeiten verwiesen werden (z.B. Achenbach 1980, 1985, 1988, Achenbach & McConaughy 1987, Edelbrock & Costello 1988a, Achenbach & Brown 1989, Achenbach, Conners, Quay, Verhulst & Howell 1989).

4. Methoden zur Erfassung depressiver Verstimmungszustände bei Kindern

Im Zusammenhang mit den im vorigen Kapitel dargelegten Bemühungen um die Verbesserung der psychiatrischen Diagnostik sind auch die Probleme der Informationsgewinnung zum Zwecke der diagnostischen Entscheidungsfindung in den letzten Jahren speziell im angloamerikanischen Raum stärker in den Blickpunkt des Interesses der Forscher gerückt. Der in der gesamten Psychiatrie derzeit feststellbare Trend zur Entwicklung von möglichst objektiven, reliablen und validen Methoden zur Erfassung und Beschreibung von möglichst klar definierten psychopathologischen Zustandsbildern fand natürlich auch im Rahmen der Kinder- und Jugendpsychiatrie seinen Niederschlag (vgl. die in immer kürzerer Folge erschienenen Handbücher zu diesem Thema, z.B. Mash & Terdal 1981, Ollendick & Hersen 1984, Frame & Matson 1987, Rutter, Tuma & Lann 1988, Last & Hersen 1989). Selbst im inhaltlich relativ engen Rahmen des Depressionsproblems bei Kindern wurde in den letzten Jahren eine bemerkenswerte Anzahl von Arbeiten publiziert, die sich ausschließlich oder mit einer starken Gewichtung auf den Aspekt des "assessment" beziehen (z.B. Kazdin 1981, 1987a, Kazdin & Petti 1982, Strober & Werry 1986, Rehm, Gordon-Leventon & Ivens 1987, Costello & Angold 1988, Hoier & Kerr 1988, Kendall, Cantwell & Kazdin 1989, Matson 1989).

Grundsätzlich ist natürlich auch die Frage nach einer optimalen Vorgangsweise zur Gewinnung verläßlicher Angaben über das Verhalten und Erleben von Kindern keine Erfindung der letzten Jahre, sondern wurde speziell im europäischen Raum schon seit geraumer Zeit diskutiert (z.B. Rutter & Graham 1968). Daß bei Kindern die Datengewinnung für jede Art von Diagnostik nicht ausschließlich auf den Informationen der kleinen Patienten selbst beruhen sollte, sondern auch auf Informationen, die man von wichtigen Bezugspersonen des Kindes erhält, macht die Sache allerdings nicht gerade einfacher. "Informanten sind in diesem Prozeß die Eltern und das Kind selbst - mit zunehmendem Alter das Kind möglicherweise mehr als die Eltern - sowie Repräsentanten der für das Kind bedeutsamen sozialen Umwelt, also Lehrer, Erzieher, Geschwister, Freunde, möglicherweise auch Ärzte, Sozialarbeiter oder andere Vertreter sozialer Instanzen bzw, Einrichtungen. Typischerweise zentriert sich das diagnostische Gespräch zunächst auf die Eltern und das Kind mit jeweils unterschiedlichen Schwerpunkten" (Steinhausen 1988, S.35).

Jedoch wurde die systematische Bearbeitung der Fragen nach der Zuverlässigkeit der von den Kindern und von anderen Informanten gewonnenen Informationen, nach ihrer Übereinstimmung bzw. Nichtübereinstimmung und nach der optimalen Gewichtung der Informationen zur Erzielung bestmöglicher diagnostischer Ergebnisse auf empirisch-wissenschaftlicher Ebene erst während der letzten Jahre in größerem Rahmen in Angriff genommen (vgl. z.B. Hoier & Kerr 1988, Ivens & Rehm 1988). Voraussetzung dafür war die Entwicklung von exakteren diagnostischen Instrumenten, nämlich von klinischen Ratingskalen und strukturierten Interviews, von Selbstbeurteilungsskalen für die Kinder, Fremdbeurteilungsskalen für Eltern, Lehrer und Erzieher und von sogenannten "peer-nomination" Techniken zur Beurteilung von Gleichaltrigen. Durch das Vorhandensein dieser Instrumente wurde nicht nur die Zuverlässigkeit und Vergleichbarkeit der praktischen diagnostischen Arbeit maßgeblich verbessert, sondern auch die Durchführung kontrollierter empirischer Studien in diesem Bereich wesentlich erleichtert, manchmal überhaupt erst ermöglicht.

Allerdings ist zu erwähnen, daß so gut wie alle diese Verfahren im angloamerikanischen Raum entwickelt wurden und daß dem deutschsprachigen Praktiker und auch dem Forscher für die meisten Anwendungsbereiche im Rahmen der klinischen Kinderpsychologie und -psychiatrie derzeit wenige deutsche Adaptierungen der Instrumente oder vergleichbare Eigenentwicklungen zur Verfügung stehen, wenn man einmal von den klassischen psychologischen Tests für Kinder (z.B. Schulreife-, Schulleistungs-, Konzentrations-, Intelligenz-, Interessens- und Persönlichkeitstests) absieht. Eine sehr informative Darstellung der Situation der Diagnostik psychischer Störungen bei Kindern und Jugendlichen im deutschen Sprachraum bieten die Ausführungen im Standardwerk von Remschmidt & Schmidt (1988), insbesondere sei dabei auf die Darlegungen von Poustka (1988) verwiesen.

In der Folge sollen die zur Erfassung depressiver Zustandsbilder bei Kindern derzeit hauptsächlich verwendeten Verfahren kurz dargestellt werden. Es wird dabei mit jenen Verfahren begonnen, die zur Objektivierung der Beurteilungen des psychiatrischen Diagnostikers entwickelt wurden, nämlich klinische Ratingskalen und strukturierte Interviews. Es folgt die Darstellung von Fragebogentests, die aus der psychologisch-psychometrischen Tradition stammen, nämlich Selbstbeurteilungsskalen und "peer-nomination" Techniken, oft mit Versionen zur Befragung von Eltern, Lehrern und Erziehern. Projektive Verfahren werden in diesem Bereich derzeit so gut wie überhaupt nicht angewandt und daher auch nicht gesondert behandelt. Einige Erfahrungen mit der Anwendung projektiver Verfahren in der Depressionsdiagnostik bei Kindern wurden im Sammelband von Städeli (1978) berichtet. Aus den letzten Jahren existiert unseres Wissens überhaupt nur ein einziger Bericht, der sich mit der Anwendung projektiver Verfahren in diesem Zusammenhang (allerdings bei Jugendlichen) beschäftigt, nämlich die Arbeit von Lipovsky, Finch, & Belter (1989). Im übrigen muß allerdings darauf hingewiesen werden, daß die hier nachgezeichnete Entwicklung gerade derzeit einen so rasanten Beschleunigungsschub erlebt, daß kein Anspruch auf Vollständigkeit der dargestellten Instrumente oder der berichteten Ergebnisse mehr erhoben werden kann.

4.1. Klinisch-psychiatrische Ratingskalen und Interviews

Die Entwicklung strukturierter Interviews in der Erwachsenenpsychiatrie, beispielsweise der bekannten Schedule for Affective Disorders and Schizophrenia (SADS) von Endicott & Spitzer (1978) oder der Diagnostic Interview Schedule (DIS) von Robins, Helzer, Croughan & Ratcliff (1981) hat zu einer erfreulichen und meßbaren Verbesserung der Reliabilität der psychiatrischen Diagnosen geführt. Analog zu den für die Anwendung bei Erwachsenen erarbeiteten Verfahren wurden in der Folge in den Vereinigten Staaten auch für Kinder ähnliche Ratingskalen und Interviewverfahren entwickelt. Aus der obengenannten Schedule for Affective Disorders and Schizophrenia (SADS) wurde beispielsweise von Puig-Antich & Chambers (1978) eine Kinderversion, die Kiddie-SADS, abgeleitet, als "downward revision" der DIS wurde von Costello, Edelbrock, Kalas, Kessler & Klaric (1982) die Diagnostic Interview Schedule for Children (DISC) vorgestellt. Das Diagnostic Interview for Children and Adolescents (DICA) von Herjanic & Reich (1982) und die Child Assessment Schedule (CAS) von Hodges, Kline, Stern, Cytryn & McKnew (1982) stellen weitere psychiatrisch-diagnostische "Breitbandverfahren" dar, die im Rahmen der Depressionsforschung Verwendung fanden. Speziell zur Erfassung depressiver Zustandsbilder bei Kindern wurden der

Bellevue Index of Depression (BID) von Petti (1978) und die Interview Schedule for Children (ISC) von Kovacs (1978) entwickelt. Vorstufen zu den strukturierten Interviewverfahren stellten schließlich die Children's Depression Rating Scale (CDRS) von Poznanski, Cook & Carroll (1979) und die Children's Affective Rating Scale (CARS) von McKnew, Cytryn, Efron, Gershon & Bunney (1979) dar. Diese beiden klinischen Ratingskalen sollen auch als erste kurz beschrieben werden. Auf die kürzlich von Joshi, Capozzoli & Coyle (1990) vorgestellte Johns Hopkins Depression Checklist for Children (HDCL-C) wird nicht genauer eingegangen, da dazu noch zu wenig Information vorliegt.

Die **Children's Depression Rating Scale (CDRS)** von Poznanski, Cook & Carroll (1979) ist eine Bearbeitung der bekannten Hamilton-Skala zur Fremdbeurteilung klinischer Depressionen bei Erwachsenen (Hamilton 1960, 1967). Die Ratingskala ist vom Kliniker im Anschluß an ein diagnostisches Interview mit dem Kind und/oder den Eltern auszufüllen, erfordert eine quantifizierende Beschreibung des Vorhandenseins und Ausprägungsgrades von 15 Depressionssymptomen und soll damit eine Quantifizierung des Schweregrades eines depressiven Zustandsbildes ermöglichen. Dabei handelt es sich allerdings nur insoferne um einen Leitfaden für ein psychiatrisches Interview, als der Interviewer darauf bedacht sein sollte, auch tatsächlich die benötigten Informationen im Hinblick auf die zu beurteilenden Punkte einzuholen. Das Verfahren ist für die Anwendung bei Kindern im Alter von 6 bis 12 Jahren gedacht. Die Durchführung des Interviews zur Gewinnung der benötigten Daten nimmt etwa eine halbe Stunde in Anspruch. Poznanski, Cook & Carroll (1979) konnten zeigen, daß die CDRS-Scores von Kindern einer medizinischen Klinik hoch mit einem globalen Experten-Rating der Depressionstiefe und außerdem signifikant mit den

Einschätzungen der Depressivität der Kinder von Seiten des Pflegepersonals korrelierten. Vergleichbare Ergebnisse wurden in einer Studie von Poznanski, Cook, Carroll & Corzo (1983) gefunden. Die Übereinstimmung der CDRS-Ratings, die aus einem Interview mit dem Kind gewonnen wurden, mit den Berichten der Eltern ist generell niedrig und darüber hinaus von Symptom zu Symptom unterschiedlich (Mokros, Poznanski, Grossman & Freeman 1987). Poznanski, Grossman, Buchsbaum, Banegas, Freeman & Gibbons (1984) berichteten für eine revidierte Fassung der CDRS (Erhöhung der Itemanzahl auf 17 Symptome, Einführung einer achtstufigen, verbal ausformulierten Ratingskala für die Beurteilung jedes Items) von Reliabilitätskoeffizienten von über .80 bei zeitverschobener Beurteilung einer Gruppe von kinderpsychiatrischen Patienten durch zwei verschiedene Beurteiler.

Die **Children's Affective Rating Scale (CARS)** wurde zur Quantifizierung depressiver Zustandsbilder in den Forschungsarbeiten von McKnew & Cytryn (1979) und McKnew, Cytryn, Efron, Gershon & Bunney (1979) entwickelt und wurde von den Autoren bei Kindern im Alter von 5 bis 15 Jahren verwendet. Die CARS ist dem vorher dargestellten Verfahren insoferne ähnlich, als sie ebenfalls eher ein globales klinisches Rating als ein Interviewverfahren darstellt. Die CARS ist allerdings im Vergleich zur CDRS weit weniger elaboriert. Es wird dabei lediglich der Schweregrad der Beeinträchtigung des Kindes im Bereich von Stimmung, Verbalverhalten und Phantasie auf drei zehnstufigen Ratingskalen eingeschätzt.

Beide Verfahren, CDRS und CARS, sind zur Erfassung der Präsenz und des Schweregrades lediglich von depressiven Störungen gedacht, das Vorliegen anderer Störungen und damit differentialdiagnostische Informationen werden nicht berücksichtigt.

Der **Bellevue Index of Depression (BID)** von Petti (1978) ist insoferne eines der ersten echten halbstrukturierten Interviews, als dabei die Beurteilung des Vorhandenseins und des Schweregrades einer Reihe von klar definierten Depressionssymptomen verlangt wird. Der BID wird zur Beurteilung von Kindern im Alter von 6 bis 12 Jahren eingesetzt. Die in der ursprünglichen Fassung von Petti (1978) enthaltenen 40 vom Kliniker auf einer vierstufigen Skala (von 0 bis 3 Punkte) zu beurteilenden Symptome sind von den Weinberg-Depressionskriterien abgeleitet. Die Symptome sind in zehn Kategorien geordnet und sollen als Leitfaden für die Durchführung der Interviews von Eltern und Kindern dienen. Um als depressiv diagnostiziert zu werden, muß ein Kind einerseits die Weinberg-Kriterien erfüllen und zusätzlich bei den Symptomratings mindestens 20 Punkte erzielt haben.

Diagnostische Entscheidungen aufgrund des BID stimmen erwartungsgemäß in hohem Ausmaß mit anderen Varianten der Weinberg-Kriterien überein, worauf schon Petti (1978) und später Kazdin, French, Unis & Esveldt-Dawson (1983) hingewiesen haben. Die letzteren Autoren erhoben auch die Retest-Reliabilität einer modifizierten Fassung des BID anhand wiederholter Interviews von Kindern, Müttern und Vätern. Die Stabilität des BID-Gesamtscores war am niedrigsten bei den Kindern (.63) und am höchsten bei den Vätern (.83). Die Werte für die Interviews der Mütter (.71) lagen dazwischen. Die BID-Scores der Kinder korrelierten in befriedigendem Ausmaß (.50) mit den Ergebnissen einer von den Kindern ausgefüllten Selbstbeurteilungsskala, stimmten jedoch kaum mit den BID-Scores überein, die aufgrund der Angaben der Eltern ermittelt worden waren. Kazdin, Colbus & Rodgers (1986) und Kazdin (1989b) berichteten von signifikanten Mittelwertsunterschieden im BID zwischen einer Gruppe von Kindern mit Major Depression, definiert nach

DSM-III, und einer Gruppe von Kindern mit nichtaffektiven Diagnosen. Diese Signifikanzen traten sowohl bei den BID-Scores auf, die auf den Angaben der Eltern, wie auch bei jenen, die auf den Angaben der Kinder beruhten. Interessanterweise gaben in der Studie von Kazdin, Colbus & Rodgers (1986) beim Vergleich der Angaben von Eltern und Kindern die Kinder im Durchschnitt eine geringere depressive Symptombelastung an. Im Hinblick auf die Diskriminationsfähigkeit des BID zwischen Kindern mit einer "depressiven" DSM-III-Diagnose und nichtdepressiv-verhaltensgestörten Kindern kommen auch Feinstein, Blouin, Egan & Conners (1984) zu günstigen Ergebnissen. Allerdings, und dieses Ergebnis war ebenso unerwartet wie aus nosologisch-theoretischer Sicht unerwünscht, diskriminierte der BID auch zwischen Kindern mit der Diagnose einer "reinen" Verhaltensstörung und Kindern mit der Diagnose einer "reinen" Aufmerksamkeitsstörung (die die niedrigsten BID-Werte aufwiesen). Ergebnisse dieser Art weisen aber unseres Erachtens eher auf die Schwächen kategorialer Klassifikationssysteme als auf die mangelnde Validität des BID hin.

Die **Schedule for Affective Disorders and Schizophrenia for School-Aged Children (Kiddie-SADS)** von Puig-Antich & Chambers (1978) ist ein halbstrukturierter Interviewleitfaden mit vorformulierten Fragen. Da das Verfahren nie offiziell publiziert, sondern nur in Form photokopierter Manuskripte weitergereicht wurde, orientiert sich die folgende Darstellung primär an den Arbeiten von Chambers, Puig-Antich, Hirsch, Paez, Ambrosini, Tabrizi & Davies (1985), Edelbrock & Costello (1988b), Poustka (1988) und Orvaschel (1989). Das Verfahren ist, wie schon sein Name nahelegt, zur Beurteilung von Kindern im Schulalter gedacht, also von Kindern im Alter von 6 bis 16 Jahren, und ermöglicht die

Ableitung von Diagnosen nach den Kriterien von DSM-III. (Ein Bericht über eine mit DSM-III-R kompatible Version liegt von Ambrosini, Metz, Prabucki & Jar-Chi 1989 vor). Die klinische Version Kiddie-SADS-P ("present episode version") bezieht sich auf den momentanen psychopathologischen Status, während für epidemiologische Studien von Orvaschel, Puig-Antich, Chambers, Tabrizi & Johnson (1982) auch eine Version zur Erfassung von "lifetime"-Prävalenzen (Kiddie-SADS-E) entwickelt wurde, die ebenfalls in neueren Forschungsarbeiten zunehmend Verwendung findet (z.B. Asarnow 1988, Asarnow & Bates 1988). Für die Anwendung beider Versionen der Kiddie-SADS muß vorausgesetzt werden, daß der Kliniker, der das Interview durchführt, selbst über einen ausgezeichneten Überblick über das Klassifikationssystem DSM-III verfügt. Die empfohlene Vorgangsweise besteht zuerst aus einem etwa einstündigen Interview der Eltern über die psychopathologischen Auffälligkeiten des Kindes. Sodann folgt ein ebenfalls etwa einstündiges (bei Kindern unter acht Jahren erfahrungsgemäß noch länger dauerndes), sehr ausführliches Interview des Kindes. Dabei sollen auch etwaige Diskrepanzen zu den von den Eltern erhobenen Informationen möglichst sofort geklärt werden. Die erste Viertelstunde ist der Kontaktaufnahme mit dem Kind in Form eines unstrukturierten Interviewteiles gewidmet. In diesem Teil wird versucht, im Gespräch mit dem Kind einen Überblick über die derzeitige Symptomatik und anamnestische Informationen in bezug auf das erstmalige Auftreten und die Chronizität der Probleme sowie Informationen über vorangegangene Behandlungsversuche zu erlangen. Sodann wird mit dem strukturierten Teil des Interviews begonnen, der sich auf Gruppen von (insgesamt etwa 200) konkreten Symptomen bezieht. Jeder Abschnitt beginnt mit einer einleitenden "screening"-Frage. Bei einer negativen Antwort auf diese

Überblicksfrage kann der folgende Teil von Fragen zur genaueren Spezifizierung der jeweiligen Symptomatik weggelassen werden, was die Interviewzeit bei gering symptombelasteten Kindern deutlich reduziert. In der Anweisung werden Beispiele für Fragen gegeben, die sich bei der Anwendung des Verfahrens erfahrungsgemäß als hilfreich erwiesen haben. Die Formulierung und die Anzahl der zu einer möglichst vollständigen Datenerhebung benötigten Fragen ist aber dem Interviewer grundsätzlich freigestellt. Der Schweregrad jedes Symptoms muß auf einer mehrstufigen Skala eingeschätzt werden. Gleich nach der Durchführung des Interviews ist der Kliniker zusätzlich angehalten, noch einige Ratingskalen zur Beurteilung des Verhaltens des Kindes im allgemeinen und während des Interviews (z.B. affektiver Zustand, Aufmerksamkeit, Motorik), sowie im Hinblick auf die vermutete Zuverlässigkeit und Vollständigkeit der erhobenen Informationen auszufüllen. Die von der Kiddie-SADS abgedeckte Symptomatik liegt schwerpunktmäßig im Bereich der affektiven und schizophrenen Störungen, jedoch werden auch die Symptome von Angst- und Verhaltens-störungen erfaßt. Die im Interview erhaltene Information kann wahlweise in Form von DSM-III-Diagnosen verarbeitet werden oder in Form von Scores in verschiedenen Skalen (8 auf verschiedene Definitionen und Aspekte depressiver Störungen bezogene Skalen, sowie 4 Angstskalen und einer Skala zur Erfassung der Symptome von Verhaltensstörungen) quantifiziert werden.

Orvaschel, Puig-Antich, Chambers, Tabrizi & Johnson (1982) berichteten für die Reliabilität der epidemiologischen Version des Kiddie-SADS günstige Ergebnisse. In einer Kontrollstudie von Chambers, Puig-Antich, Hirsch, Paez, Ambrosini, Tabrizi & Davies (1985) wurde die Kiddie-SADS-P von je zwei Klinikern zur Beurteilung von 52 in einer kinderpsychiatrischen Ambulanz vorgestellten, diagnostisch unausgelesenen Kindern eingesetzt. Es zeigten sich hinsichtlich der Reliabilität der Depressionsskalen und in der Skala zur Erfassung von Verhaltensstörungen recht brauchbare Übereinstimmungswerte (Produkt-Moment-Korrelationen zwischen .63 und .81) zwischen den Beurteilern, während die Angstskalen völlig unbefriedigende Koeffizienten (.41 bis .58) erbrachten. Die Übereinstimmung zwischen den von den erhobenen Daten abgeleiteten DSM-III-Diagnosen fiel ähnlich günstig für depressive Zustandsbilder und die Diagnose einer Verhaltensstörung, gleich ungünstig für die Diagnose von Angststörungen aus. Insgesamt lagen alle Reliabilitätsschätzungen niedriger als bei vergleichbaren Untersuchungen mit der Erwachsenenversion SADS. Die Überprüfung der Übereinstimmungen zwischen den Angaben von Eltern und Kindern ergab ein uneinheitliches Bild, wobei die entsprechenden Korrelationskoeffizienten zwischen -.08 und +1.0 lagen. Weissman, Wickramaratne, Warner, John, Prusoff, Merikangas & Gammon (1987) und Ivens & Rehm (1988) berichteten gleichermaßen über bemerkenswerte Diskrepanzen zwischen den Angaben von Eltern und Kindern in den Interviews. Die Unterschiede zwischen den Berichten waren dabei insoferne unsystematisch, als die Kinder in der einen Studie mehr, in der anderen Studie weniger psychopathologische Auffälligkeiten angaben als ihre Eltern ihnen zuschrieben. Die von den Eltern angegebenen Informationen unterschieden sich jedenfalls deutlich von den von den Kindern erhobenen Daten, was die Wichtigkeit der direkten Befragung der Kinder besonders unterstreicht. Die Übereinstimmung zwischen den Angaben von Eltern und Kindern ist dabei, wie auch von Apter, Orvaschel, Laseg, Moses & Tyano (1989) unter Verwendung einer hebräischen Übersetzung der Kiddie-SADS-P festgestellt wurde, erwartungsgemäß besonders schwach in einigen Aspekten der affektiven Symptomatik, die der Beobachtung von außen schlecht zugänglich sind.

Die **Interview Schedule for Children (ISC)** von Kovacs (1978) liegt ebenfalls nur in Form eines unpublizierten Manuskripts vor. Das Interview wurde von der Autorin zur Selektion möglichst homogener Gruppen für ein konkretes Forschungsprojekt über depressive Störungen bei Kindern entwickelt, ist seit Jahren in Gebrauch und wurde dabei zahlreichen Revisionen unterzogen. Die ISC ist ein halbstrukturiertes Interview für Kinder und Jugendliche im Alter von 8 bis 17 Jahren und für deren Eltern. Den Beginn bildet üblicherweise die Befragung der Eltern über ihr Kind. Danach wird vom selben Kliniker das Kind interviewt. Die Interviewdauer liegt bei einer Stunde für die Kinder und bei bis zu zwei Stunden für die Eltern. Die ISC ist eine Anleitung zur Erhebung von Daten zur Erstellung von DSM-III-Diagnosen. Die Durchführung des Interviews verlangt deshalb einen im Konzept dieses Klassifikationssysems wohlausgebildeten und erfahrenen Kliniker. Die ISC besteht aus einem zentralen Teil und einer Reihe von Zusatzfragen. Im zentralen Teil werden etwa 100 psychopathologische Symptome abgefragt und ihr Schweregrad jeweils auf einer achtstufigen Skala eingestuft, zusätzlich wird eingeschätzt, inwieweit dem Kind die Lösung wichtiger Entwicklungsaufgaben gelungen ist. In diesem Teil des Interviews werden Informationen über Affektive Störungen, Angst- und Zwangsstörungen, Schizophrene Störungen, Verhaltensstörungen, Drogenmißbrauch, Enuresis und Enkopresis erhoben. Die Zusatzfragen beziehen sich auf andere DSM-III-Störungsbilder, beispielsweise Aufmerksamkeitsstörungen und Persönlichkeitsstörungen. In diesem Teil werden die Symptome nur auf zweistufigen Skalen als vorhanden oder nicht vorhanden eingestuft. Im gesamten Interview liegen für jedes einzustufende Item Beispielfragen vor, jedoch ist der Interviewer auch hier angehalten, so viele Fragen zu stellen, wie er zur fachgerechten Abgabe jedes von ihm verlangten Ratings benötigt. Die Diagnose wird auf der Basis der zusammenfassenden Beurteilung des Klinikers erstellt, in der die Angaben von Eltern und Kind verarbeitet werden.

Orvaschel (1989) berichtet, daß sich in einer Kontrolluntersuchung zur ISC hinsichtlich der Übereinstimmung zwischen verschiedenen Beurteilern in den Symptomratings ein recht günstiges Bild ergab (alle Korrelationskoeffizienten über .64), während die Übereinstimmung zwischen den Angaben von Eltern und Kindern je nach Symptombereich stark unterschiedlich war. Beim Bericht von Symptomen externalisierender Störungen scheinen Eltern und Kinder eher übereinzustimmen als bei internalisierenden Störungen.

Die **Diagnostic Interview Schedule for Children (DISC)**, wurde von Costello, Edelbrock, Kalas, Kessler & Klaric (1982) für den Einsatz in psychiatrisch-epidemiologischen Studien des amerikanischen National Institute of Mental Health (NIMH) entwickelt. Gemäß dieser Zielsetzung soll im Interview ein Überblick über den gesamten psychopathologischen Status der Kinder erarbeitet werden. Die Interviewdauer beträgt auch bei diesem Verfahren etwa eine Stunde für die Befragung des Kindes und mehr als eine Stunde für die Befragung der Eltern. Die DISC ist ein weitgehend vorstrukturiertes diagnostisches Interview, weshalb auch Nichtexperten nach einer relativ kurzen Einschulung in die Anwendung des Verfahrens (in der Regel ein Training von einigen Tagen) als Interviewer herangezogen werden können. Die gewonnene Information soll durch ein Computerprogramm in psychiatrische Diagnosen übersetzbar sein. Einige Kontrollstudien haben allerdings gezeigt, daß die durch die DISC gewonnenen Ergebnisse kaum mit DSM-III-Diagnosen von Klinikern übereinstimmen (Costello, Edelbrock & Costello 1985, Weinstein, Stone, Noam, Grimes, Schwab-Stone 1989). Die Übereinstimmung zwischen den Angaben der Kinder mit jenen von Eltern und Lehrern ist, wie auch bei anderen Verfahren, ausgesprochen schwach (Edelbrock, Costello, Dulcan, Conover & Kalas 1986, Williams, McGee, Anderson & Silva 1989), insbesondere in bezug auf die Symptome affektiver Störungen.

Die **Child Assessment Schedule (CAS)** von Hodges, Kline, Stern, Cytryn & McKnew (1982) und Hodges, McKnew, Cytryn, Stern & Kline (1982) ist ebenfalls ein etwa einstündiges, halbstrukturiertes Interview für Kinder von 7 bis 16 Jahren. Das Interview wurde ursprünglich nicht zum Zwecke der Erstellung von DSM-III-Diagnosen entwickelt, sondern um Informationen über Probleme in verschiedenen Lebensbereichen des Kindes (z.B. Familie, Schule, Freunde) und über einige Symptombereiche, die DSM-III-Diagnosen ähneln, zu erheben. Die geringe Strukturiertheit des Interviews macht ausführliche klinische Erfahrung des Interviewers erforderlich, hinsichtlich der psychometrischen Kriterien des Verfahrens liegt noch vergleichsweise wenig Information vor (siehe dazu Hodges & Saunders 1989).

Als letztes der psychiatrischen Breitbandverfahren sei noch das **Diagnostic Interview for Children and Adolescents (DICA)** erwähnt, das von Herjanic & Reich (1982) nach ermutigenden Pilotstudien (z. B. Herjanic, Herjanic, Brown & Wheatt 1975) zur Erfassung psychopathologischer Störungen bei Kindern und Jugendlichen im Alter von 6 bis 17 Jahren entwickelt wurde. Das Verfahren ermöglicht die Erstellung von Diagnosen nach DSM-III, unter anderem auch für Affektive Störungen. Das Interview mit dem Kind wie auch die Befragung der Eltern dauert jeweils etwa 90 Minuten. Die

Retest-Reliabilität ist recht hoch und die Übereinstimmung zwischen den von Eltern und Kindern gewonnenen Informationen ist erwartungsgemäß im allgemeinen niedrig und außerdem vom jeweiligen vorliegenden Störungsbild abhängig (Herjanic & Reich 1982, Reich, Herjanic, Welner & Gandhy 1982).

Insgesamt kann festgestellt werden, daß im Laufe der letzten Jahre im angloamerikanischen Raum eine ganze Reihe von mehr oder weniger stark strukturierten psychiatrischen Interviewverfahren entwickelt worden ist, die in unterschiedlich starkem Ausmaß zur Erfassung der Symptomatik affektiver Störungen geeignet sind. Ebenso unterscheiden sich die Interviews hinsichtlich des Ausmaßes von Forschungsarbeiten, die zur Überprüfung ihrer psychometrischen Qualitäten bislang vorgelegt wurden. Fast allen erwähnten Interviewverfahren ist gemeinsam, daß sie bislang nur in Form unpublizierter Manuskripte und hausinterner Mitteilungen weitergegeben wurden. Schließlich kann unseres Wissens auch von allen erwähnten Interviewverfahren gesagt werden, daß derzeit entweder überhaupt keine deutsche Version davon existiert oder jedenfalls keine systematischen Kontrolluntersuchungen zu den psychometrischen Kriterien deutscher Übersetzungen vorliegen. Das bedeutet, daß die Verfahren derzeit im deutschen Sprachraum für praktisch-klinische Zwecke nicht anwendbar sind, während für Forschungszwecke jeweils Übersetzungen mit fraglichen psychometrischen Eigenschaften verwendet oder selbst angefertigt werden müssen. Hier ist in den deutschsprachigen Ländern noch eine Menge mühsamer methodischer Arbeit zu leisten, damit die Kinder- und Jugendpsychiatrie in der Forschung und später auch in der Praxis den Anschluß an die internationale Entwicklung im Bereich der Erhebungsmethoden wiedergewinnen kann (vgl. auch Poustka 1988).

Daß entsprechende Arbeiten bereits begonnen wurden, ist beispielsweise an der Publikation des **Mannheimer Elterninterviews (MEI)** von Esser, Blanz, Geisel & Laucht (1989) ersichtlich, das ein selbst entwickeltes, genuin deutschsprachiges kinderpsychiatrisches Interviewverfahren darstellt. Hinsichtlich der in den empirischen Arbeiten aufgetretenen Diskrepanzen zwischen den Angaben der Kinder, der Eltern und anderer Informanten ergibt sich ein eher verwirrendes und uneinheitliches Bild. Generell kann aber festgestellt werden, daß die Übereinstimmung zwischen Fremd- und Selbstbeurteilungen in fast allen Arbeiten geringer ist, als man gemeinhin annehmen würde. Plausible Hypothesen in bezug auf das Entstehen dieser Diskrepanzen besagen, daß den verschiedenen Informanten nur (unterschiedliche) Teilmengen der gesamten erwünschten Information zugänglich sind und daß diese Diskrepanzen je nach Störungsbild unterschiedlich groß sein dürften. Es kann jedenfalls empfohlen werden, diagnostische Entscheidungen nicht allein auf Informationen aufzubauen, die aus einer einzigen Informationsquelle stammen, sondern immer danach zu trachten, Selbst- und Fremdberichte zur Gewinnung eines möglichst vollständigen Bildes zu erheben und zu kombinieren. Die Form einer solchen Kombination und die optimale Gewichtung diskrepanter Informationen bleibt allerdings beim derzeitigen Wissensstand noch weitgehend der gefühlsmäßigen Entscheidung des jeweiligen Diagnostikers vorbehalten.

4.2. Fragebogenverfahren

Im Gegensatz zu den oben erwähnten klinischen Ratingskalen und Interviews, die ganz auf psychiatrischen Denktraditionen aufbauen und letztlich meist eine kategoriale Erfassung psychopathologischer Phänomäne in Form von psychiatrischen Diagnosen intendieren, entstanden die in der Folge zu besprechenden Fragebogenverfahren aus der Tradition der psychologischen Testtheorie (und zwar der "klassischen" Variante der Testtheorie, im Gegensatz zu den sogenannten probabilistischen Ansätzen). Es soll zur Vermeidung von Mißverständnissen hier noch einmal betont werden, daß die Fragebogenverfahren nicht zur Erstellung psychiatrischer Diagnosen und auch nicht einmal primär zur Unterscheidung zwischen verschiedenen klinischen Gruppen entwickelt wurden, sondern zur quantifizierenden Erfassung des Ausprägungsgrades depressiver Befindlichkeit auf einem Kontinuum vom subklinischen bis in den klinischen Bereich. Dieser grundsätzlich dimensionale psychometrische Ansatz wird auch vom Autor der vorliegenden Arbeit bevorzugt. Die folgenden Verfahren werden daher mit erhöhter Ausführlichkeit dargestellt, um die bislang vorliegenden Erfahrungen mit der Anwendung von Fragebogenverfahren zur Erfassung depressiver Zustandsbilder bei Kindern optimal verwerten zu können.

Sowohl vom wissenschaftshistorischen wie auch vom fachpolitischen Standpunkt aus erscheint dabei die Beobachtung erwähnenswert, daß alle in der Folge dargestellten Verfahren entweder überhaupt allein von Psychologen oder mindestens unter psychologischer Erstautorschaft entwickelt worden sind. Die traditionell unterschiedliche methodische Orientierung von Psychiatrie und Psychologie stellt also immer noch (und zwar auch noch in den Vereinigten Staaten) in erstaunlichem Ausmaß eine fachpolitische Grenze zwischen den Arbeiten von Psychologen und Psychiatern dar, selbst wenn in deren Arbeiten dieselben Phänomene erforscht werden. Die Unterschiedlichkeit der grundlegenden meßtheoretischen Ansätze macht die Vergleiche zwischen den Ergebnissen dimensional ausgewerteter Fragebogenverfahren und kategorialen psychiatrischen Diagnosen nicht gerade einfach. Auch ist eine Festlegung bestimmter Schwellenwerte für Mindestdauer und Schwere der Symptomatik bei Selbstbeurteilungsskalen für Kinder praktisch nicht durchführbar. Es liegt in der Natur der Sache, daß trotzdem eine gewisse Übereinstimmung hinsichtlich der Beurteilung des psychischen Status ein und desselben Kindes erwartet werden darf, auch wenn diese Beurteilung mit Methoden erfolgt, die aus unterschiedlichen psychopathometrischen Traditionen stammen. Andererseits soll in diesem Zusammenhang aber klargestellt werden, daß beim momentanen Stand der Dinge nicht notwendigerweise ein Ansatz als Kriterium für die Validität des anderen zu betrachten ist. Auf diese Problematik soll an dieser Stelle vor allem deshalb hingewiesen werden, weil die Validierung eines dimensional messenden klinisch-psychologischen Tests an psychiatrischen Diagnosen schon beinahe als Selbstverständlichkeit betrachtet wird, während umgekehrt noch ziemlich selten die Validierung psychiatrischer Klassifikationssysteme an psychologischen Testdaten in Erwägung gezogen wird. Auf eine ausführlichere Darstellung der in diesem Zusammenhang auftauchenden Probleme muß im vorliegenden Rahmen verzichtet werden, als gute Einführung in die Problematik seien Arbeiten von Achenbach (1985, 1988), Edelbrock & Costello (1988a), Routh (1989) und Rapoport (1989) empfohlen.

Die Gruppe der in der Folge dargestellten Fragebögen ist im übrigen bei näherer Betrachtung in sich recht heterogen. Die Fragebögen unterscheiden sich in bezug auf mehrere einander überschneidende Einteilungskriterien. Beispielsweise kann nach den primär intendierten Informanten unterschieden werden zwischen Fragebögen zur Selbstbeurteilung der Kinder, Fragebögen zur Fremdbeurteilung der Kinder durch Erwachsene (Eltern, Lehrer, Erzieher, Klinikpersonal) und Fragebögen zur Fremdbeurteilung der Kinder durch Gleichaltrige ("peer-nomination"-Techniken). Es finden sich Fragebögen, bei denen die Ausprägung der depressiven Verstimmung in Form eines Gesamtscores ausgedrückt wird, aber auch solche, bei denen die depressive Symptomatik durch mehrere Subskalen und damit durch mehrere Subscores erfaßt wird. Unter den letzteren lassen sich wieder unterschiedliche Konstruktionsprinzipien feststellen, nämlich eine auf rein rationaler Basis erfolgte Zusammenstellung der Subskalen aufgrund klinischer Erfahrung oder bestimmter definitorischer Vorgaben, aber auch Versuche einer empirisch-faktorenanalytischen Konstruktion von Subskalen. Schließlich kann noch nach dem Umfang der im Fragebogen insgesamt angesprochenen Symptomatik unterschieden werden zwischen Fragebögen, die ausschließlich zur Quantifizierung depressiver Verstimmungszustände bei Kindern entwickelt wurden und solchen, die einen weiteren Problembereich abdecken und nur unter anderem auch eine Depressions-Subskala enthalten.

Da im deutschen Sprachraum bislang zu diesem Thema nur sehr wenige Arbeiten vorliegen, wird mit der Darstellung der fremdsprachigen (vornehmlich englischsprachigen) Verfahren begonnen. Anschließend wird die bisherige Entwicklung in den deutschsprachigen Ländern besprochen. Wie auch im vorigen Kapitel orientiert sich der Aufbau der Darstellung wieder an den einzelnen entwickelten Verfahren.

4.2.1. Fremdsprachige Fragebögen

4.2.1.1. Children's Depression Scale CDS (Lang & Tisher 1978)

Kurzbeschreibung: Die CDS ist ein Selbstbeurteilungsverfahren für Kinder, das von den Autoren hauptsächlich im Altersbereich von 9 bis 16 Jahren angewandt wurde. Der Test besteht aus insgesamt 66 Items, davon 48 in Richtung Depression deutende "D-Items" (z.B. "Often I hate myself") und 18 positive Feststellungen, "P-Items" (z.B. "I enjoy myself most of the time"). Die Vorgabe der Items erfolgt einzeln auf bedruckten Kärtchen, wobei der Proband jedes Item-Kärtchen in eine von 5 kleinen Schachteln einwerfen muß, die mit "very wrong" / "wrong" / "not sure" / "right" / "very right" beschriftet sind. Je nach Antwort werden pro Item 1-5 Punkte vergeben. Der ungewöhnliche Vorgabemodus als Kartensortieraufgabe führt nach Angabe der Autoren zu einer Fokussierung der Aufmerksamkeit auf das jeweils zu bearbeitende Item, da der Proband dabei nicht durch die gleichzeitige Präsentation vorhergehender und nachfolgender Items abgelenkt wird. Außerdem gewinnt dadurch die Testbearbeitung für die Kinder einen eher spielerischen Charakter.

Subskalen: Die Items werden insgesamt 8 Subskalen zugeordnet: "Affective Response", "Social Problems", "Self Esteem", "Preoccupation with Sickness and Death", "Guilt", "Pleasure", "Miscellaneous Depression" und "Miscellaneous Pleasure". Die letzten beiden Subskalen dienen zur Aufnahme aller D-Items bzw. P-Items, die sich nicht oder nur schwer einer spezifischen anderen Subskala zuordnen ließen. Zusätzlich zu den Scores für die einzelnen Subskalen wird noch der Gesamtscore der Punkte für alle D-Items

("Depression Total") und alle P-Items ("Pleasure Total") gebildet.

Konstruktionsprinzip: Von den Autoren wurde zur Entwicklung der Skala eine Depressionsdefinition herangezogen, in deren Rahmen dysphorische Stimmung, ein negatives Selbstkonzept, eine Verminderung von Produktivität und Antrieb, psychosomatische Probleme, übermäßige Beschäftigung mit den Problemen von Tod, Selbstmord und Verlust, sowie Probleme mit eigenen aggressiven Impulsen erwartet werden. Die Items wurden so konstruiert, daß sie möglichst alle genannten Problembereiche abdeckten und von den Autoren nach rein rationalen Gesichtspunkten den 8 Subskalen zugeordnet. Alle Items sind in der Publikation von Tisher & Lang (1983) zu finden.

Varianten: In einigen Untersuchungen wird die CDS in einer Papier-Bleistift-Fragebogenversion verwendet (z.B. Bath & Middleton 1985). Von den Testautoren selbst (siehe Tisher & Lang 1983) wurde durch Transponieren der Items in die 3. Person Einzahl eine Erwachsenenversion CDS-A ("Adult Form") erstellt, mit deren Hilfe Fremdbeurteilungen der Kinder durch ihre Mütter, Väter oder andere erwachsene Bezugspersonen eingeholt werden können. Eine deutschsprachige Version des Verfahrens liegt nicht vor.

Reliabilität: Nach Tisher & Lang (1983) wurde in einer kleinen Gruppe klinisch unauffälliger Schüler für die interne Konsistenz der Gesamtskala ein Alpha (nach Cronbach 1951) von .92 ermittelt, wobei die Werte für die einzelnen Subskalen zwischen .54 und .77 schwankten, die Koeffizienten für die Abschätzung der Retest-Reliabilität für die Scores über alle D- und P-Items respektive lagen jeweils bei .74 (bei einem Intervall von 7 bis 10 Tagen).

Bath & Middleton (1985) schätzten für eine gruppenadministrierbare Papier-Bleistift-Form der CDS in einer

Stichprobe von 256 klinisch unauffälligen Kindern aus der 5. und 6. Schulstufe die interne Konsistenz der Gesamtskala mit einem Alpha von .94, die Split-half-Reliabilität lag bei .90. Bei einer Itemanalyse zeigten zwei Items (Nummer 17 und 31) negative Trennschärfen. Dieselben Items waren auch in der von den Autoren durchgeführten Faktorenanalyse (wie auch bei Rotundo & Hensley 1985) inkonsistent im Hinblick auf den Rest der Skala und sollten daher besser weggelassen werden.

Rotundo & Hensley (1985) fanden in einer aus 60 jugendpsychiatrisch auffälligen und aus 24 klinisch unauffälligen Jugendlichen im Alter von 12 bis 16 Jahren zusammengesetzten Stichprobe für die interne Konsistenz der Gesamtskala sogar ein Alpha von .98, für die Erwachsenenversion CDS-A wurde ein Wert von .97 berechnet. Die Alphas für die Subskalen aus allen D- und P-Items lagen nach Angabe der Autoren jeweils über .89.

Auch bei Kazdin (1987b) zeigten sich in einer Stichprobe psychiatrisch auffälliger Kinder im Alter von 7 bis 12 Jahren recht hohe interne Konsistenzen (.94 und .85) für die aus allen D- und P-Items bestehenden Subskalen der CDS. Für die anderen Subskalen wurden Alphas von .67 bis .81 berichtet.

Normierung: Die von den Autoren vorgelegten Informationen in bezug auf eine Normierung des Tests sind, sowohl was die Stichprobengröße, wie auch was die Stichprobenauswahl betrifft, als vollkommen unzureichend zu betrachten. Tisher & Lang (1983) publizierten weder die Daten einer größeren klinisch unauffälligen Normstichprobe, noch die Daten depressiver Kinder. Stattdessen schlugen sie vor, zur Orientierung die Verteilungskennwerte von 40 Schulverweigerern, 37 besonders gut angepaßten Schülern (Kriterium: geringe Fehlzeiten in der Schule) aus ihrer Kontrollgruppe und von 19 nichtdepressiven Patienten einer kinderpsychiatrischen Klinik zu benützen, und gaben außerdem die Verteilungskennwerte für einige kleine Gruppen von Kindern aus diversen unpublizierten Studien an. Erst Rotundo & Hensley (1985) publizierten Verteilungskennwerte der D-Scores und P-Scores für eine Gruppe von 22 Kindern mit Affektiven Störungen diagnostiziert nach DSM-III. Angaben über Mittelwerte (aber leider keine Standardabweichungen) für verschiedene klinische Gruppen sind auch bei Moretti, Fine, Haley & Marriage (1985) und Kazdin, Colbus & Rodgers (1986) zu finden. In letzterer Arbeit findet sich auch ein Vorschlag für einen Cutoff-Score zur Identifikation klinisch depressiver Kinder.

Alters- und Geschlechtseffekte: Tisher & Lang (1983) berichteten, daß bei den ihnen bekannten Studien entweder keine Geschlechtseffekte aufgetreten waren oder die Mädchen höhere Werte bei den D-Items erzielt hatten als die Knaben (nach der von ihnen präsentierten Übersicht insbesondere in den Subskalen "Affective Response" und "Self-Esteem"). Auch bei Bath & Middleton (1985) erzielten die Mädchen im Schnitt höhere D-Scores als die Knaben.

Auch die Berichte in bezug auf das Auftauchen von Alterseffekten sind nicht ganz einheitlich. In einigen Studien konnten bei den CDS-Scores keine Alterseffekte festgestellt werden (z.B. Haley, Fine, Marriage, Moretti & Freeman 1985, Kazdin 1987b), in anderen Studien schon. Wenn allerdings Alterseffekte auftraten, dann stets in der Richtung daß ältere Kinder und Jugendliche im Schnitt eine depressivere Selbstdarstellung lieferten als jüngere Kinder (vgl. Tisher & Lang 1983, Moretti, Fine, Haley & Marriage 1985).

Kazdin (1987b) fand sowohl Alterseffekte (Anstieg der Depressions-Scores und Abnahme der Pleasure-Scores mit zunehmendem Alter) wie auch Geschlechtsunterschiede (niedrigere Pleasure-Scores für Mädchen) nur in der von den Müttern ausgefüllten Fremdbeurteilungsversion CDS-A.

Faktorielle Struktur: Bath & Middleton (1985) führten eine empirische Überprüfung der Subskalenstruktur des Tests durch Berechnung von Hauptkomponentenanalysen mit zunehmender Faktorenzahl durch. Cattell's Scree Test (siehe z.B. Cattell 1988) legte die Extraktion von 8 bis 16 Faktoren nahe. Eine Lösung mit neun orthogonalen Faktoren, die knapp über 50% der Gesamtvarianz aufklärten, erschien den Autoren als optimal. Nach obliquer Rotation blieben diese neun Faktoren im wesentlichen stabil, korrelierten allerdings hoch miteinander. Während in den ersten beiden Faktoren (bezeichnet als "General Depression" und "Inability to Experience Pleasure") noch eine gewisse empirische Unterstützung für die getrennte Verrechnung der D- und P-Items gesehen werden könnte (der 1. Faktor korrelierte mit dem Gesamtscore der D-Items mit .98), konnte die übrige Subskalenstruktur der CDS empirisch nicht belegt werden. Eine gewisse Ähnlichkeit der empirisch gewonnenen CDS-Faktoren mit den Depressionskriterien von DSM-III war hingegen festzustellen. Von Bath & Middleton (1985) wurde jedenfalls empfohlen, die Interpretation der CDS-Ergebnisse hauptsächlich auf den Gesamtscore der Depressionsitems zu stützen und die übrigen Subskalen nicht allzu ernst zu nehmen.

In einer von Rotundo & Hensley (1985) durchgeführten Hauptkomponentenanalyse wurden 13 Faktoren mit einem sehr starken ersten Faktor extrahiert. Nach einer Varimax-Rotation zeigten 45 der 66 Items Ladungen von mindestens .30 auf diesem Generalfaktor. Bei einer zweiten Analyse der Daten wurde eine Lösung mit 7 Faktoren ausprobiert. Wieder trat ein starker Generalfaktor auf, im zweiten Faktor luden 27 der 48 D-Items und im vierten Faktor fanden sich einige Items der "Pleasure"-Subskala. Im übrigen war die von Lang &

Tisher (1978) rational abgeleitete Subskalenstruktur in den empirischen Daten nicht wiederzufinden.

Konvergente Validität: In drei Studien mit klinischen Stichproben wurden recht unterschiedlich hohe Korrelationen des CDS-Scores aus allen D-Items mit den Scores aus dem Children's Depression Inventory CDI gefunden. Die Koeffizienten betrugen .84 (Rotundo & Hensley 1985), .73 (Haley, Fine, Marriage, Moretti & Freeman 1985) und .48 (Kazdin 1987b). (In der erst- und letztgenannten Arbeit wurden auch die entsprechenden Übereinstimmungen zwischen den Erwachsenenversionen von CDS und CDI berechnet. Die beiden berichteten Koeffizienten betrugen .80 und .76). In den drei oben erwähnten Studien wurden außerdem signifikante und in die erwartete Richtung gehende Korrelationen der CDS-Scores mit dem Bellevue Index of Depression, mit der Hopelessness Scale for Children, dem Coopersmith Self-Esteem Inventory, der Peers-Harris Self-Concept Scale, dem Gesamtproblemscore der von den Müttern ausgefüllten Child Behavior Checklist und einem Cognitive Bias Questionnaire for Children berichtet. Tisher & Lang (1983) berichteten auch von signifikanten Korrelationen der CDS-Scores mit den Scores aus dem Junior Eysenck Personality Questionnaire. Die Korrelationskoeffizienten zwischen den CDS-Skalen und den Neurotizismuswerten waren erwartungsgemäß durchwegs positiv, jene mit den Extraversionsscores negativ.

Diskriminative Validität: Signifikante Mittelwertsunterschiede zeigten sich bei Tisher & Lang (1983) zwischen einer Gruppe von schulverweigernden Kindern und einer Kontrollgruppe von schulisch gut angepaßten Kindern. Nach der Selbstbeurteilung der Kinder differenzierten 46 Items der CDS signifikant zwischen den Gruppen (Varianzanalyse pro Item), nach der Beurteilung durch die Mütter in der CDS-A zeigten sich sogar bei 59 Items signifikante Unterschiede zwischen den Gruppen.

Rotundo & Hensley (1985) untersuchten 84 Jugendliche im Alter von 12 bis 16 Jahren. Die Gesamtstichprobe wurde in vier Gruppen unterteilt, nämlich eine Gruppe von Depressiven nach den Kriterien von DSM-III, eine Gruppe von Klinikpatienten, die zwar traurig, aber nicht als depressiv diagnostiziert worden waren, eine Gruppe von Klinikpatienten, die weder traurig waren, noch als depressiv diagnostiziert worden waren, sowie eine Kontrollgruppe von klinisch unauffälligen Kindern. Die CDS differenzierte gut zwischen allen vier Gruppen von Kindern, anhand der Elternversion CDS-A war man nicht mehr in der Lage, depressive von traurigen Klinikpatienten zu unterscheiden, während dies aufgrund der Selbstbeurteilungen der Kinder sehr wohl möglich war.

Haley, Fine, Marriage, Moretti & Freeman (1985) konnten zeigen, daß kinder- und jugendpsychiatrische Patienten mit Affektiven Störungen nach DSM-III signifikant höhere Werte in der CDS aufwiesen als Patienten mit anderen Diagnosen.

Moretti, Fine, Haley & Marriage (1985) untersuchten vier Gruppen kinder- und jugendpsychiatrischer Patienten mit den DSM-III-Diagnosen einer Major Depression, einer Dysthymen Störung, einer Verhaltensstörung und mit anderen Störungen. Es zeigten sich signifikant unterschiedliche CDS-Werte der diagnostischen Gruppen, wobei sich allerdings hauptsächlich die Patienten mit Major Depression durch erhöhte Testwerte von allen anderen Gruppen unterschieden. Die Beurteilungen der Kinder durch ihre Eltern mittels CDS-A standen dagegen in keinem Zusammenhang mit der Zugehörigkeit zu einer diagnostischen Gruppe. Die Eltern der Kinder mit Major Depression hatten die Depressionswerte ihrer Kinder unterschätzt, während die Eltern der Kinder aus allen anderen diagnostischen Gruppen deren Depressivität im Vergleich zu den Selbstbeurteilungen der Kinder überschätzt hatten. In Summe führte dies zu einer fehlenden Diskriminationsfähigkeit der CDS-A.

Im Gegensatz dazu zeigten sich in der Arbeit von Kazdin, Colbus & Rodgers (1986) und Kazdin (1987b) die Beurteilungen durch die Eltern den Selbstbeurteilungen der Kinder durchaus ebenbürtig. Depressive Kinder (nach RDC) aus einer klinischen Stichprobe unterschieden sich in dieser Arbeit gemeinsam mit anderen Depressionsmaßen auch in CDS und CDS-A von den Kindern mit anderen Diagnosen. Es zeigten sich dabei auch konsistente Unterschiede zwischen den Selbstbeurteilungen der Kinder und den Beurteilungen durch die Mütter: Die Kinder beurteilten ihre Depression im Vergleich zu den Müttern im Schnitt als weniger schwer.

In der klinisch unauffälligen Kontrollgruppe von Tisher & Lang 1983 tendierten hingegen die Eltern in den Depressions-Subskalen zu niedrigeren Beurteilungen als ihre Kinder. Die Interpretation solcher Befunde durch die Autoren ging in die Richtung, daß die Eltern der auffällig gewordenen Kinder nicht umhin können, den depressiven Zustand wahrzunehmen, während hingegen die Eltern von unauffälligen Kindern das Unglücklichsein ihrer Kinder möglicherweise nur als weiter nicht ernstzunehmendes und jedenfalls vorübergehendes Phänomen betrachten.

Zusammenfassende Einschätzung: Hinsichtlich des Vorgabemodus originelles Verfahren mit befriedigenden Kennwerten für Reliabilität und Validität. Mangelhafte Informationen über Normwerte. Die von den Autoren vorgeschlagene Subskalenstruktur hat sich als empirisch nicht haltbar erwiesen. Es wird daher meist nur der Gesamtscore aller D-Items verrechnet. Es liegt keine deutsche Bearbeitung vor.

4.2.1.2. Depression Self-Rating Scale DSRS (Birleson 1981):

Kurzbeschreibung: Die DSRS ist ein kurzer, aus 18 Items bestehender Fragebogen für Kinder im Alter von 8 bis 14 Jahren. Die Items sind teils negativ ("I feel like crying") zum Teil positiv ("I sleep very well") formulierte Feststellungen in der ersten Person. Die Kinder werden gebeten mit Hilfe der drei Antwortmöglichkeiten "never" / "sometimes" / "most of the time" anzugeben, in welchem Ausmaß jede Feststellung während der letzten Woche auf sie zugetroffen habe. Die Antworten erbringen dabei pro Item 0, 1 oder 2 Punkte. Der Gesamtscore des Tests ergibt sich aus der Summe der in allen Items erhaltenen Punkte.

Subskalen: keine.

Konstruktionsprizip: Vom Autor wurden anhand einer Durchsicht der Fachliteratur 37 Items formuliert, die potentiell zur Depressionsmessung geeignet erschienen. Der endgültige Fragebogen besteht aus jenen 18 Items, die signifikant zwischen einer Gruppe von diagnostizierten depressiven Kindern (nach einer Variante der Weinberg-Kriterien) und drei Kontrollgruppen nichtdepressiver Kinder diskriminiert hatten. Als Kontrollgruppen dienten eine Gruppe von kinderpsychiatrischen Patienten mit diversen nichtaffektiven Diagnosen, eine Gruppe von Schülern einer Internatsschule für Verhaltensauffällige und eine Gruppe von Schülern aus der Regelschule. Die ausgewählten Items zeichnen sich durch extreme Kürze und syntaktische Einfachheit aus. Alle Items sind in der Arbeit von Birleson (1981) angeführt.

Varianten: Von Asarnow & Carlson (1985) wurde die DSRS um zusätzliche drei Items erweitert, um eine bessere inhaltliche Übereinstimmung mit den diagnostischen Kriterien von DSM-III zu erzielen. Die zusätzlichen drei Items bezogen sich auf das Vorhandensein von Selbstmordgedanken, Konzentrationsschwierigkeiten und reizbarer Stimmung. Diese auf 21 Items verlängerte Version der Skala wurde in der Folge unter der Bezeichnung "modified DSRS" auch in weiteren empirischen Studien verwendet (z.B. von Asarnow & Bates 1988, Robins & Hinkley 1989).

Reliabilität: Birleson (1981) gab einen Split-half-Koeffizienten von .86 an und ermittelte bei einer Testwiederholung in seiner Gruppe verhaltensauffälliger Schüler (Länge des Intervalls unbekannt) einen Retest-Reliabilitätskoeffizienten von .80. Etwas niedriger liegen die Schätzungen von Asarnow & Carlson (1985), die in einer klinischen Stichprobe einen Split-half-Koeffizienten von .61 fanden. In dieser Studie wurde die interne Konsistenz der ursprünglichen DSRS mit einem Alpha von .73 geschätzt, der entsprechende Koeffizient für die modifizierte DSRS mit 21-Items betrug .76. Noch niedriger war der von Robins & Hinkley (1989) berichtete Koeffizient Alpha von .57 bei der Anwendung der 18-Item-Version in einer Stichprobe klinisch unauffälliger Schulkinder von 8 bis 12 Jahren.

Normierung: Normdaten für größere Gruppen klinisch unauffälliger oder auffälliger Kinder sind nicht vorhanden. Jedoch wurden mehrere Studien zur Diskrimination von klinisch depressiven Kindern und Kontrollkindern durchgeführt, woraus Cutoff-Scores abgeleitet wurden. Birleson (1981) vermutet aufgrund der Verteilung der Punktwerte in seinen Stichproben einen Cutoff-Score 13 zur möglichst korrekten Identifikation klinisch depressiver Kinder. Dies konnte auch in der Arbeit von Asarnow & Carlson (1985) weitgehend bestätigt werden, während Birleson, Hudson, Buchanan & Wolff (1987) einen um zwei Punkte höheren Cutoff-Wert optimal fanden.

Alters- und Geschlechtseffekte: Es wurden im allgemeinen keine Alters- und Geschlechtseffekte bei Anwendung der DSRS berichtet (Asarnow & Carlson 1985, Birleson, Hudson, Buchanan & Wolff 1987, Robins & Hinkley 1989). Allerdings waren die Stichproben speziell in den klinischen Studien auch meist recht klein.

Firth & Chaplin (1987) dagegen berichteten in ihrer Studie an klinisch unauffälligen Knaben den merkwürdigen Effekt, daß die älteren Kinder (über 13 Jahre) niedrigere DSRS-Scores aufwiesen als die jüngeren Kinder. Die Autoren dieses Berichts hatten aber eine ganze Reihe von Veränderungen an den Items der DSRS vorgenommen, um die Skala in einem Projekt über Kinder mit muskulärer Dystrophie einsetzen zu können. Sie berichteten aber interessante Beobachtungen, die darauf hindeuten, daß für jüngere Kinder einige Fragen aus der DSRS offenbar eine völlig andere Bedeutung zu haben schienen als für die älteren Befragungsteilnehmer, was teilweise zu einer unkritischen Zustimmung jüngerer Kinder zu einigen Items geführt haben mag. Beispielsweise gaben 83% der 7 bis 8jährigen Schüler an, sie dächten meist oder manchmal, das Leben sei nicht lebenswert. Von den erstaunten Autoren genauer befragt, wann denn dieses Gefühl bei ihnen auftrete, berichteten die Kinder von kleinen, alltäglichen Frustrationen (etwa nicht fernsehen zu dürfen), die weit entfernt waren von jener Symptomatik klinischer Depression, die durch das Item eigentlich erfragt hätte werden sollen. Inwieweit die Ergebnisse dieser Studie auch für die DSRS in der ursprünglichen Fassung und auch für Mädchen gültig sind, kann derzeit noch nicht abgeschätzt werden.

Faktorielle Stuktur: In der Arbeit von Birleson, Hudson, Buchanan & Wolff (1987) erbrachte eine Faktorenanalyse mit Varimax-Rotation drei Faktoren, wovon nur der zweite ("Dysphoria") von den Autoren benannt wurde. Im ersten

Faktor scheinen hauptsächlich somatische Aspekte (Appetit, Schlaf, Bauchweh) abgebildet worden zu sein, während der dritte Faktor kaum zu interpretieren war. Mit der Gruppenzugehörigkeit der Kinder in Beziehung stand nur der Dysphoria-Faktor. Mit Hilfe der Faktorscores dieses Faktors konnte etwa dieselbe Diskriminationsfähigkeit zwischen den depressiven Kindern und der Kontrollgruppe erzielt werden, wie anhand der Gesamtscores der DSRS.

Konvergente Validität: Von Asarnow & Carlson (1985) wurde in einer klinischen Stichprobe für die DSRS eine Korrelation von .81 mit dem Children's Depression Inventory CDI berichtet, für die modifizierte DSRS betrug die Korrelation .82. (Interessanterweise liegen damit die Validitätskoeffizienten deutlich höher als die Reliabilitätsschätzungen für die DSRS in derselben Studie). Beide Varianten der DSRS korrelierten nicht signifikant (.19) mit der vom Stationspflegepersonal ausgefüllten Children's Depression Rating Scale CDRS. In der Arbeit von Beck, Carlson, Russell & Brownfield (1987) konnte bei der Untersuchung retardierter Jugendlicher mit der CDRS und mit dem Beck Depression Inventory BDI ebenfalls keine signifikante Korrelation (.33) zwischen den beiden Verfahren festgestellt werden.

Asarnow & Bates (1988) konnten in einer Stichprobe kinderpsychiatrischer Patienten zeigen, daß signifikante Korrelationen bestehen zwischen dem Gesamtscore der 21-Item-Version der DSRS und der Hopelessness-Scale for Children, einem bislang unpublizierten Fragebogen zum kindlichen Attributionsstil, sowie den Subskalen "Global Self-Worth", "Social Acceptance", und "Athletic Competence" aus der Perceived Competence Scale for Children.

Diskriminative Validität: Asarnow & Carlson (1985) konnten zeigen, daß der Test in der Lage war, überzufällig zwischen kinderpsychiatrischen Patienten mit einer Affektiven Störung nach DSM-III und solchen mit anderen Störungen zu unterscheiden (74% richtige Zuordnungen). Ebenfalls 76% richtige Zuordnungen erzielten Birleson, Hudson, Buchanan & Wolff (1987) bei einer ähnlich aufgebauten Studie, in der anhand der DSRS die als depressiv diagnostizierten Kinder aus einer Zufallsauswahl von Patienten einer kinderpsychiatrischen Ambulanz herausgesucht werden sollten. Die Rate der fälschlicherweise "Positiven" war dabei aber relativ hoch. Auf jeden durch die Skala korrekt identifizierten Depressiven kamen sieben Patienten mit ebenso hohen Scores, aber mit anderen Diagnosen. Bei einer genauen Untersuchung dieser "false positives" konnte gefunden werden, daß diese Kinder großteils aus konfliktreichen und disharmonischen Familienverhältnissen stammten und einen Elternverlust oder Zurückweisung durch die Eltern erlebt hatten. Da andererseits die Analyse der "false negatives", also jener Depressiven, die vom Test nicht als solche erkannt worden waren, ergeben hatte, daß es sich dabei meist um Fälle mit nur milder oder sekundärer Depression gehandelt hatte, wiesen die Autoren mit Recht auf die Probleme hinsichtlich der Reliabilität und Validität der als Kriterium für die Abschätzung der Güte des Tests verwendeten Diagnosen hin.

Beck, Carlson, Russell & Brownfield (1987) setzten die DSRS gemeinsam mit dem Beck Depression Inventory in der Erwachsenenversion ein, um anhand der Testscores aus einer Stichprobe von 26 retardierten Jugendlichen die 14 nach RDC affektiv gestörten Patienten herauszufinden. Die DSRS lieferte 60% richtige Zuordnungen, bei einer Sensitivität von 86% und einer 75%igen Spezifität. Noch besser schnitt nach Angabe der Autoren das BDI ab, mit angeblich 90% richtigen Zuordnungen, bei 90%iger Sensitivität und gar 100%iger Spezifität. Leider haben die Autoren dabei übersehen, daß dieses Ergebnis rechnerisch unmöglich ist, da die Rate der richtigen Zuordnungen bei 100%iger Spezifität niemals gleich der Sensitivität sein kann. Wegen dieser und anderer methodischer Unzulänglichkeiten (z.B. zu kleiner Stichprobenumfang, verschärft durch eine große Anzahl von missing data) sind die Ergebnisse dieser Untersuchung mit gebührender Skepsis zu betrachten.

Zusammenfassende Einschätzung: Ein kurzes, daher ökonomisch anzuwendendes Verfahren, das hauptsächlich als Adjuvans für die diagnostische Entscheidungsfindung im kinderpsychiatrisch-klinischen Bereich konzipiert wurde und wohl auch in diesem Bereich seine Stärken haben dürfte. Es liegt relativ wenig und außerdem noch recht diskrepante Information in bezug auf die klassischen psychometrischen Gütekriterien vor. Die Studien zur Analyse der Gütekriterien der Skala orientierten sich außerdem eher an Methoden zur Validierung klinischer Labortests denn an Vorgangsweisen, die zur Bestimmung der Gütekriterien psychologischer Tests üblich sind. Normdaten von repräsentativen Stichproben klinisch unauffälliger Kinder fehlen. Eine Übertragung ins Deutsche liegt nicht vor.

4.2.1.3. Peer Nomination Inventory of Depression PNID (Lefkowitz & Tesiny 1980)

Kurzbeschreibung:. Das PNID ist ein aus 19 Items bestehender Fragebogen zur Fremdbeurteilung von Kindern durch Gleichaltrige (meist durch Mitschüler aus derselben Schulklasse). Die Erhebungstechnik mittels Peer-Nominations stellt eine spezielle Anwendung der Guess-who Technik dar, die bereits von Tryon (1939) im Zusammenhang mit der Erfassung der Popularität von Kindern verwendet worden war. Das Verfahren wurde von den Autoren bei Kindern aus der dritten bis fünften Schulstufe angewandt. Die Items sind als Fragen in der dritten Person formuliert (z.B. "Who often looks sad?" oder "Who often looks lonely?") und durch Nennung des Namens eines Mitschülers zu beantworten. Für die Auswertung wird zuerst als Itemscore für jedes Item der relative Anteil der Mitschüler bestimmt, die den Probanden auf eben diese Frage nominiert hatten. Der Gesamtscore eines Probanden ergibt sich aus der Summe dieser Itemscores.

Subskalen: Die Skala besteht aus 13 Depressionsitems, die sich auf affektive, kognitive, motivationale und vegetative Symptome depressiver Störungen beziehen, sowie aus 4 sogenannte "Happiness-Items" und aus zwei zum Zwecke der Validierung angefügten Popularitätsitems.

Konstruktionsprinzip: Die Autoren betrachten ihr Peer Nomination Inventory of Depression PNID als direkte Weiterentwicklung des Wiggins and Winder Peer Nomination Inventory (Wiggins & Winder 1961). Die inhaltliche Validität der verwendeten Items wurde durch das Urteil von neun voneinander unabhängigen Experten gesichert, die die ihrer Ansicht nach zur Erfassung depressiver Verstimmungen bei Kindern relevanten Fragen aus einem Katalog von Itemvorschlägen auswählten. Schließlich wurde eine klassische Itemanalyse durchgeführt, die zur endgültigen Form der Skala führte. Alle verwendeten Items finden sich in der Publikation von Lefkowitz & Tesiny (1980).

Varianten: Von Lefkowitz, Tesiny & Solodow (1989) wurde versucht, durch Umformulieren der Items des PNID einen möglichst analogen Fragebogen zur Selbstbeurteilung der Kinder zu erstellen.

Reliabilität: In der Analysestichprobe von Schulkindern wurde die interne Konsistenz der Depressionsskala des PNID von Lefkowitz & Tesiny (1980) mit einem Alpha von .85 geschätzt, für die Retest-Reliabilität wurde in einer Teilstichprobe ein Koeffizient von .79 gefunden (Retest nach etwa zwei Monaten). Bei einer Testwiederholung nach sechs Monaten in einer weiteren Teilstichprobe betrug der Koeffizient .70. Davon unabhängige Informationen liegen nicht vor.

Normierung: Von Lefkowitz & Tesiny (1985) wird Mittelwert und Standardabweichung der PNID-Depressionsscores von 942 Schulkindern angegeben und daraus ein Cutoff-Score zur Identifikation jener Kinder, die zu den 5% mit den höchsten Werten gehören, abgeleitet.

Alters- und Geschlechtsunterschiede: Es ist uns derzeit keine Arbeit bekannt, in der Alters- oder Geschlechtsunterschiede hinsichtlich der Scores in der Depressionsskala des PNID berichtet worden wären.

Faktorielle Struktur: Bei zwei von Lefkowitz & Tesiny (1980) für die halbierten Stichproben getrennt gerechneten Faktorenanalysen über die Depressions- und Happiness-Items wurden jeweils 4 Faktoren extrahiert, die zusammen 54% der Gesamtvarianz erklärten. Die Faktoren wurden mit den Begriffen "Loneliness", "Inadequacy", "Dejection" und "Happiness" bezeichnet.

Konvergente Validität: Lefkowitz & Tesiny (1980) konnten Zusammenhänge mit Selbstbeurteilungen der Kinder, mit Depressionsratings von Seiten der Lehrer, sowie 13 weiteren hypothetisch zu erwartenden Korrelaten depressiver Störungen aufzeigen. Dabei muß aber darauf hingewiesen werden, daß die absolute Höhe der entsprechenden Korrelationskoeffizienten enttäuschend niedrig war und die Effekte durch den Umfang der verwendeten Stichprobe (944 Schüler) zwar statistisch signifikant, aber von einer praktischen Relevanz weit entfernt waren. Die Korrelation der PNID-Depressionsscores mit einer leicht modifizierten Version der Zung Self Rating Depression Scale lag beispielsweise bei .14, (sehr signifikant) und jene mit einer modifizierten Version des dem Children's Depression Inventory lag bei .23 (ebenfalls sehr signifikant). Die als weitere Belege für die Validität des PNID herangezogenen hochsignifikanten Korrelationskoeffizienten lagen größenmäßig zwischen .09 und .27, was die Autoren nicht an der klaren Aussage hinderte, die Kinder mit hohen Werten im PNID zeigten reduzierte intellektuelle Leistungen, würden von ihren Klassenkameraden als unglücklich und unpopulär betrachtet, hätten ein schlechteres Selbstwertgefühl, attribuierten externaler und kämen aus Familien mit niedrigerem sozioökonomischem Status. Einzig der Zusammenhang zwischen den PNID-Scores und den Einschätzungen der Depressivität der Schüler durch die Lehrer lag bei stattlichen .41, ein Wert, der sich aber in der folgenden Arbeit von Tesiny & Lefkowitz (1982) bereits auf .22 reduziert hatte.

In dieser letztgenannten Studie wurde an einer Teilstichprobe von 231 Mädchen und 205 Knaben, die bereits an der Datengewinnung für die vorhergenannte Arbeit beteiligt gewesen waren, eine Meßwiederholung nach sechs Monaten durchgeführt. Die Ergebnisse blieben im wesentlichen dieselben, wenn man von kleineren zufallsbedingten Schwankungen der berechneten Koeffizienten absieht. Auch die unglückliche Art der Interpretation praktisch irrelevanter Ergebnisse durch die Autoren blieb dieselbe.

Die Daten der insgesamt 944 Versuchspersonen aus der Studie von Lefkowitz & Tesiny (1980) wurden noch in zwei weiteren Publikationen der Autoren aufbereitet. Lefkowitz, Tesiny & Gordon (1980) bearbeiteten besonders die Zusammenhänge zwischen Attributionsstilen, Familieneinkommen und Depression. Externale Attributionstendenzen waren, wie bereits erwähnt, mit hohen Depressionswerten korreliert, wobei die Korrelationen mit dem PNID .19, mit dem Lehrerrating .17 und mit der Selbstbeurteilung immerhin .34 betrugen. Da gleichzeitig auch niedriges Familieneinkommen mit den PNID-Scores (-.19) in Beziehung stand, ergab das kombinierte Auftreten von geringem Einkommen und hoher Externalität (typisch für die soziale Unterschicht) die höchsten Depressionswerte bei den Kindern.

In der vierten Arbeit aus demselben Datensatz, jener von Tesiny, Lefkowitz & Gordon (1980), wird das Schwergewicht auf die Mitteilung gelegt, daß hohe PNID-Depressionswerte und externale Attributionstendenzen in inverser Beziehung zu den Schulleistungen der Kinder standen.

Jacobsen, Lahey & Strauss (1983) erhoben von einer Gruppe von Schulkindern aus der zweiten bis siebenten Schulstufe Peer Ratings der Popularität, Peer Nominations im PNID, Selbstbeurteilungen in einer frühen Version des Children's Depression Inventory CDI, Lehrerbeurteilungen in der Conners Teacher Rating Scale CTRS sowie globale Lehrerratings hinsichtlich Depression, somatischer Beschwerden, Popularität und Fehlstunden der Kinder. Sie fanden bei Knaben und Mädchen deutliche Unterschiede hinsichtlich der korrelativen Beziehungen zwischen den erfaßten Variablen. Bei Knaben bestanden überhaupt keine signifikanten Korrelationen zwischen den drei Depressionsmaßen, aber alle drei waren ihrerseits mit Maßen von Unbeliebtheit und Verhaltensproblemen korreliert. Bei den Mädchen hingegen zeigten sich adäquate Korrelationen zwischen den drei verwendeten Depressionsmaßen (z.B. Korrelation CDI-PNID .59 und Teacher Rating-PNID .64), während nur CDI und PNID mit Maßen von Unbeliebtheit, Verhaltensproblemen und somatischen Beschwerden korreliert waren. Depressive Gestimmtheit, wie sie mittels PNID (und CDI) erfaßt wird, dürfte jedenfalls nach diesen Ergebnissen bei klinisch unauffälligen Kindern beiderlei Geschlechts mit Unbeliebtheit und mit Verhaltensproblemen assoziiert zu sein.

Der Zusammenhang zwischen PNID-Scores und den erzielten Werten im CDI wurde auch von Saylor, Finch, Baskin, Saylor, Darnell & Furey (1984) in einer Studie von Schülern aus der zweiten bis siebenten Schulstufe ermittelt und mit .32 angegeben.

Lefkowitz & Tesiny (1985) untersuchten 3020 Schulkinder aus der 3. bis 5. Schulstufe mittels PNID und einer modifizierten (auf zwei Wahlmöglichkeiten pro Items reduzierten) Fassung des Children's Depression Inventory und einer ganzen Reihe von anderen Verfahren. Von 508 Müttern wurden Interviewdaten erhoben. Die Lehrer wurden gebeten, Sozialverhalten sowie Lern- und Arbeitsverhalten der Kinder einzuschätzen. Weitere demographische Daten und Information über Fehltage und Schulnoten in Lesen und Rechnen konnten den Schülerbeschreibungsbögen entnommen werden. Insgesamt wurden die PNID-Scores, getrennt für Knaben und Mädchen, mit 38 aus diesen Erhebungen abgeleiteten Variablen korreliert. Bei Knaben und Mädchen gleichermaßen zeigten sich Zusammenhänge mit peernominierter Happiness und Popularität, Sozialverhalten, Lern- und Arbeitsverhalten (alle Koeffizienten negativ), sowie Zurückweisung durch die Mutter (positiv). Darüberhinaus waren nur bei den Mädchen (negative) Zusammenhänge mit den Lese- und Rechennoten und nur bei den Knaben (negative) Zusammenhänge mit der Intelligenzschätzung und mit externalen Kontrollüberzeugungen festzustellen. Alle Koeffizienten waren wieder ungewöhnlich niedrig. Der Zusammenhang der PNID-Scores mit den Depressionsratings durch die Mütter war nur für die Mädchen signifikant (.25) und der Zusammenhang des PNID mit den Selbstbeurteilungen der Depression im modifizierten CDI war bei beiden Geschlechtern mit .16 eigentlich nicht der Rede wert.

In einer Arbeit von Saylor, Finch, Spirito & Bennett (1984) konnte schließlich überhaupt keine signifikante Korrelation mehr zwischen den PNID und CDI-Scores gefunden werden, in der Studie von Ward, Friedlander & Silverman (1987) auch keine Beziehung der PNID-Scores zu spezifischen Attributionstendenzen für Erfolg und Mißerfolg.

Zusammenfassend kann gesagt werden, daß Zusammenhänge zwischen den PNID-Skalen und Außenkriterien zwar reichlich vorhanden, aber ungewöhnlich schwach ausgeprägt sind. Bei zukünftigen Arbeiten auf diesem Gebiet müßte insbesondere die kaum vorhandene Übereinstimmung der durch Peer-Nominationen erhaltenen Depressionswerte mit den Selbstbeurteilungen der Kinder genauer analysiert werden. Interessante Ansätze in diese Richtung stammen von Saylor, Finch, Baskin, Furey & Kelly (1984), die bei der Analyse der Daten von 24 Patienten einer Kinderklinik zeigen konnten, daß der Informant bei der Beurteilung der Depression der Kinder eine wichtige varianzgenerierende Quelle darstellt. In einer zweiten Erhebung an 280 Schülern aus der zweiten bis achten Schulstufe wurden zwei Traits, nämlich "Ärger" und "Depression", mit je vier unterschiedlichen Methoden (unter anderem mittels PNID, CDI und Teacher Nominations) erfaßt und die Ergebnisse im Sinne einer Multitrait-Multimethoden-Matrix (Campbell & Fiske 1959) ausgewertet. Selbstbeurteilungen korrelierten gut mit anderen Selbstbeurteilungen, die Peer-Nominations mit anderen Außenbeurteilungen. Varianzanalytisch gesprochen war die durch die unterschiedlichen Informanten entstandene Varianz doppelt so groß wie die Traitvarianz (vgl. dazu auch die Ergebnisse von Shoemaker, Erickson & Finch 1986).

Diskriminative Validität: In der Arbeit von Blechman, McEnroe, Carella & Audette (1986) wurde neben der akademischen auch die soziale Kompetenz in Beziehung zu den PNID-Scores gesetzt. Vier Gruppen von Schulkindern (akademisch und sozial kompetent, nur akademisch kompetent, nur sozial kompetent, in beiden Bereichen inkompetent) wurden miteinander verglichen. Die in beiden Bereichen als inkompetent eingestuften Kinder hatten höhere PNID-Depressionsscores als alle anderen Gruppen, die in beiden Bereichen kompetenten Kinder wiesen die niedrigsten Depressionswerte auf. Die beiden jeweils nur in einem Bereich kompetenten Gruppen unterschieden sich nicht hinsichtlich ihrer Depressionswerte, die nur sozial kompetenten Kindern wurden aber von ihren Schulkameraden in einem anderen Rating als fröhlicher eingestuft als die nur akademisch kompetenten Schüler. Studien zur Differenzierung klinischer Gruppen sind nicht vorhanden.

Zusammenfassende Einschätzung: Originelle Erhebungsmethode, die Verzerrungstendenzen durch sozial erwünschte Reaktionstendenzen der betroffenen Kinder weitgehend elimieren dürfte, dafür aber mit dem Problem der mangelnden Übereinstimmung mit Selbstbeurteilungen zu kämpfen hat. Die als Beleg für die Validität des Verfahrens herangezogenen Korrelationen sind insgesamt ungewöhnlich niedrig. Da zur Datenerhebung eine Gruppe von miteinander vertrauten Kindern benötigt wird, sind dem klinischen Einsatz des Verfahrens Grenzen gesetzt. Eine deutsche Übersetzung des PNID wurde von Nevermann (1990) angefertigt und in einem Forschungsprojekt eingesetzt. Genauere Angaben, insbesondere deutsche Normen, sind bislang dazu noch nicht vorhanden.

4.2.1.4. Center for Epidemiological Studies Depression Scale for Children CES-DC (Weissman, Orvaschel & Padian 1980)

Kurzbeschreibung: Die CES-DC ist ein Fragebogen mit 20 positiv oder negativ formulierten Items (z.B. "I had a good time this week" oder "I felt like crying this week"), die auf vierstufigen Likert-Skalen mittels Antwortmöglichkeiten, die von "not at all" bis "a lot" reichen, zu beurteilen sind. Jede Antwort erbringt 0 bis 3 Punkte. Der Gesamtscore ergibt sich als Summe aller Itemscores. Die Skala wurde von den Autoren bei Kindern und Jugendlichen im Alter von 6 bis 17 Jahren eingesetzt.
Subskalen: keine.
Konstruktionsprinzip: Der Fragebogen stellt eine "downward revision" der CES-D Skala für Erwachsene (Radloff 1977) für den Gebrauch bei Kindern und Jugendlichen dar. Der Versuch, eine möglichst ähnliche und außerdem verständliche Kinderform zu entwickeln, führte paradoxerweise zu ziemlich sperrigen und wenig kindgemäßen Itemformulierungen (z.B. "I felt like I couldn't pay attention to what I was doing this week" oder "I felt like kids I knew were not friendly or that they didn't want to be with me"). Fast alle Items der Kinderversion gerieten länger als die entsprechenden Formulierungen für Erwachsene. Die Items finden sich in der Publikation von Weissman, Orvaschel & Padian (1980)
Varianten: Eine Version zur Beurteilung der Kinder durch ihre Mütter wird von den Autoren erwähnt.
Reliabilität: Seitens der Autoren erfolgten dazu keine Angaben. In der Studie von Faulstich, Carey, Ruggiero, Enyart & Gresham (1986) an kinder- und jugendpsychiatrischen Patienten wurde eine interne Konsistenz der

Skala von .84 gefunden, die Retest-Reliabilität (Intervall 2 Wochen) wurde mit .51 angegeben. Bei Durchführung einer getrennten Auswertung für Kinder (unter 13) und Jugendliche (ab 13 Jahren) zeigte sich allerdings, daß der Fragebogen bei Kindern wenig reliabel messen dürfte. Die interne Konsistenz war niedriger (.77) und der Koeffizient für die Retest-Reliabilität blieb bei den Kindern mit .12 unter der Signifikanzgrenze.

Normierung: Keine Daten vorhanden.

Alters- und Geschlechtseffekte: In der Arbeit von Faulstich, Carey, Ruggiero, Enyart & Gresham (1986) konnte kein Alterseffekt festgestellt werden, eine Auswertung getrennt für Mädchen und Knaben wurde nicht durchgeführt. Bei Weissman, Orvaschel & Padian (1980) konnten weder Geschlechts- noch Alterseffekte festgestellt werden. Die untersuchte Stichprobe war allerdings sehr klein. Die von den Müttern abgegebenen Einschätzungen der Kinder mittels der CES-DC standen, im Gegensatz zu den Selbstbeurteilungen, trotz des geringen Stichprobenumfanges in einem deutlichen Zusammenhang mit dem Alter der Kinder. Die Mütter waren eher geneigt, älteren Kindern depressive Symptome zuzuschreiben als jüngeren.

Faktorielle Struktur: Von Faulstich, Carey, Ruggiero, Enyart & Gresham (1986) wurde eine Hauptkomponentenanalyse mit Varimax-Rotation durchgeführt und ergab als beste Annäherung an die Einfachstruktur eine 3-Faktor-Lösung, die insgesamt 44% der Gesamtvarianz aufklärte. Am ersten Faktor (16% Varianzanteil) luden Items hoch, die behaviorale Aspekte erfaßten, der zweite Faktor (ebenfalls 16% der Gesamtvarianz) bezog sich auf kognitive Aspekte und der dritte (12%) auf "Happiness".

Konvergente Validität: In der Studie von Weissman, Orvaschel & Padian (1980) wurden mit dem Fragebogen 28

Kinder und Jugendliche im Alter von 6 bis 17 Jahren untersucht. Die Kinder stammten alle aus Familien, in denen entweder Vater oder Mutter psychiatrisch auffällig geworden war. Bei der psychiatrischen Evaluation der Kinder mittels Kiddie-SADS zeigte sich, daß auch ungefähr 45% der Kinder selbst den RDC-Kriterien für eine psychiatrische Diagnose entsprachen. Außer der CES-DC und dem CDI erhielten die Kinder noch eine revidierte Version der Social Adjustment Scale vorgelegt. Auch die Mütter, egal ob selbst psychiatrisch gestört oder nicht, wurden in einem dem Kiddie-SADS entsprechenden strukturierten Interview über ihre Kinder befragt und beschrieben danach ihre Kinder mittels CES-DC, der Achenbach Child Behavior Checklist und dem Conners Parent Questionnaire CPQ. Bei der Analyse der Korrelationen zwischen den erfaßten Variablen zeigte sich, daß die Selbstbeurteilungen der Kinder (CES-DC und CDI korrelierten mit .44, CES-DC und Social Adjustment Scale mit .75) und auch die verschiedenen von den Müttern abgegebenen Einschätzungen miteinander korrelierten. Jedoch gab es keine Zusammenhänge zwischen der Selbstbeurteilung der Kinder und der Beurteilung der Kinder durch ihre Mütter.

Faulstich, Carey, Ruggiero, Enyart & Gresham (1986) berichteten, daß die Korrelation zwischen CES-DC und CDI zwar bei den Jugendlichen mit .61 ganz passabel war, jedoch war sie in der jüngeren Altersgruppe mit .03 nicht mehr gegeben.

Diskriminative Validität: Von Weissman, Orvaschel & Padian (1980) wurde überprüft, ob in ihrer Stichprobe anhand der CES-DC eine Differenzierung der 7 Kinder mit RDC-Diagnosen und der restlichen 21 Kinder möglich wäre. Es zeigte sich, daß dies durch keine einzige der in der Arbeit verwendeten Selbstbeurteilungsskalen möglich war, jedoch mit Hilfe aller von den Müttern ausgefüllten Skalen. Die

Autoren nahmen aufgrund dieser Daten an, daß Mütter sensitivere Informanten über die Psychopathologie ihrer Kinder sind als die Kinder selbst, jedenfalls wenn die Befragung in Form von Selbstbeurteilungsskalen erfolgt. Es sei aber auch die Möglichkeit erwähnt, daß die Mütterbeurteilungen mit den Psychiaterurteilen deshalb besser übereinstimmten, weil es sich bei beiden Maßen um Fremdbeurteilungen der Kinder nach gesellschaftlich üblichen Erwachsenen-Normen handelt. Die Untersuchung bezog sich aber nicht spezifisch auf affektive Störungen und ist auch wegen des geringen Umfangs der Stichprobe im vorliegenden Zusammenhang nur beschränkt aussagekräftig.

In der Studie von Faulstich, Carey, Ruggiero, Enyart & Gresham (1986) war es anhand des CES-DC Gesamtscores nicht möglich, zwischen der Subgruppe der Patienten mit Affektiven Störungen (nach DSM-III) und den Patienten mit anderen Störungen zu differenzieren. Diese Ergebnisse blieben auch gleich, wenn die Analysen getrennt für Kinder und Jugendliche durchgeführt wurden.

Zusammenfassende Einschätzung: Bei der Befragung von Kindern scheint die CES-DC weder hinreichend reliabel noch valide zu sein, in der Gruppe der Jugendlichen zeigt sich zwar eine akzeptable Reliabilität und eine wenigstens signifikante Korrelation mit dem CDI, aber eine fehlende diskriminative Validität. Insgesamt liegen zu dem Verfahren bislang nur wenige Untersuchungen vor, außerdem fehlen noch wesentliche psychometrische Informationen (z.B. Normdaten). Eine deutsche Bearbeitung des Verfahrens liegt nicht vor.

4.2.1.5. Children's Depression Inventory CDI (Kovacs 1980/81, 1982)

Kurzbeschreibung: Das CDI umfaßt 27 Items, die jeweils aus drei Feststellungen bestehen, die in abgestufter Form wesentliche Symptome oder Folgen einer depressiven Störung thematisieren (z.B.:"I am sad once in a while", "I am sad many times" und "I am sad all the time"). Vom Probanden wird verlangt, aus jeder Dreiergruppe jeweils diejenige Feststellung auszuwählen, die sein Befinden und Verhalten während der vorhergegangenen beiden Wochen am besten charakterisiert hätte. Auf diese Weise wird ermittelt, ob das jeweilige Symptom nicht (0 Punkte), in mittelstarker (1 Punkt), oder in starker Ausprägung (2 Punkte) vorlag. Zur Auswertung wird einfach die Gesamtsumme aller so ermittelten Punkte berechnet. Für die Anwendung des Verfahrens bei jüngeren Kindern wird die Empfehlung gegeben, die Items vom Testleiter laut vorlesen zu lassen und dann mit dem Kind gemeinsam zu bearbeiten. Das CDI wurde von der Autorin ursprünglich für Kinder im Alter von 8 bis 13 Jahren konzipiert, wird aber derzeit bereits in einem viel weiteren Altersbereich eingesetzt (z.B. von Carey, Faulstich, Gresham, Ruggiero & Enyart 1987).

Subskalen: keine.

Konstruktionsprinzip: Auf der Basis einer ausführlichen Literaturübersicht zur Symptomatologie depressiver Störungen bei Kindern (Kovacs & Beck 1977) zog die Autorin (siehe Kovacs 1980/81, 1982, 1985a) als Vorlage für die Entwicklung des CDI das Beck Depression Inventory BDI (Beck, Ward, Mendelson, Mock, & Erbaugh 1961) heran. Die Items dieser Skala zur Selbstbeurteilung der Depressionstiefe bei Erwachsenen wurden so umformuliert, daß sie für die Anwendung bei Kindern adäquat erschienen. Einzelne BDI-

Items mußten überhaupt ausgeschieden und durch speziell für Kinder geeignete ersetzt werden. Anhand der Daten von verschiedenen kleineren Gruppen klinisch auffälliger und unauffälliger Kinder wurden Itemanalysen durchgeführt und schließlich die Anzahl der pro Item dargebotenen Abstufungen generell auf drei reduziert. Die so entstandene Version des CDI umfaßte 27 Items und hatte bereits recht brauchbare psychometrische Eigenschaften. Der Test wurde bislang noch nicht publiziert, die Items sind in einem hektographierten Manuskript der Autorin (Kovacs 1982) zu finden.

Varianten: Da das CDI derzeit im englischsprachigen Raum eindeutig das am häufigsten eingesetzte Verfahren zur Selbstbeurteilung depressiver Verstimmungszustände bei Kindern ist, gibt es eine ganze Reihe von Varianten, in denen der Test von verschiedenen Forschern angewandt wurde. In frühen Arbeiten mit dem Verfahren wurden teilweise noch Versionen mit mehr als drei Antwortalternativen pro Item verwendet (z.B. Carlson & Cantwell 1980), in einigen Studien wurde die Anzahl der Antwortalternativen auf zwei reduziert (z.B. Layne & Berry 1983), in anderen wurde mit einer reduzierten Anzahl von Items gearbeitet (z.B. "Short-CDI" von Carlson & Cantwell 1979), während Lefkowitz & Tesiny (1980) und Tesiny & Lefkowitz (1982) in der von ihnen verwendeten Version des CDI gleichzeitig sowohl die Anzahl der Items wie auch die Anzahl der Antwortalternativen vermindert hatten. In mehreren Arbeiten wurde jenes Item weggelassen, welches sich auf Selbstmordgedanken und -pläne bezieht (z.B. Weiss & Weisz 1988). CDI-Versionen zur Fremdbeurteilung der Kinder durch Eltern und Lehrer wurden unter anderem von Helsel & Matson (1984), Rotundo & Hensley (1985), Treiber & Mabe (1987), Kazdin (1987b) und Wierzbicki (1987a) angewandt. Drei deutsche Übersetzungen wurden unabhängig voneinander von

Stiensmeier (1988), Nevermann (1990) und Lobert (1989) angefertigt. Eine ausführlichere Beschreibung der bislang gesammelten Erfahrungen mit den deutschen Formen folgt im nächsten Kapitel der vorliegenden Arbeit.
Reliabilität: Kovacs (1985a) berichtete über Reliabilitätsprüfungen an zwei verschiedenen Stichproben, nämlich an 8- bis 13-jährigen kinderpsychiatrischen Patienten und an einer Gruppe von Kindern mit Diabetes Mellitus, wobei die interne Konsistenz (alle Koeffizienten Cronbach's Alpha) in der Stichprobe der psychiatrischen Patienten .86 und in der Stichprobe der Diabetiker .70 betrug. Kazdin, French & Unis (1983) ermittelten bei psychiatrisch auffälligen Kindern ein Alpha von .82, bei klinisch unauffälligen Kindern wurden in verschiedenen Studien für das CDI Alphas von .83 bis .90 berichtet (Seligman, Peterson, Kaslow, Tanenbaum, Alloy & Abramson 1984, Reynolds, Anderson & Bartell 1985, Smucker, Craighead, Craighead & Green 1986). Auch in bezug auf die Höhe der Retestreliabilitäten liegen für den Test schon recht ausführliche Informationen vor. Die Höhe der Koeffizienten nimmt dabei naturgemäß mit zunehmender Länge des Intervalls zwischen erster und zweiter Messung ab. Die Koeffizienten nach relativ kurzen Intervallen (ein bis drei Wochen) liegen im allgemeinen um .80 und zwar sowohl bei klinisch auffälligen Kindern (Saylor, Finch, Spirito & Bennett 1984) wie auch bei klinisch unauffälligen Schulkindern (Kaslow, Rehm & Siegel 1984, Finch, Saylor, Edwards & McIntosh 1987). Nach längeren Intervallen (bis zu einem Jahr) lagen die Koeffizienten bei klinisch auffälligen und unauffälligen Kindern gleichermaßen etwa bei .50 (Kazdin, French, Unis, Esveldt-Dawson 1983, Nolen-Hoeksema, Girgus & Seligman 1986, Weiss & Weisz 1988). Dieses Bild wird allerdings durch einige davon (nach unten) abweichende Ergebnisse etwas beeinträchtigt. So fanden beispielsweise

Saylor, Finch, Spirito & Bennett (1984) in einer Stichprobe von Schülern nach einer Woche mit einem Koeffizienten von .38 eine ungewöhnlich niedrige Stabilität der CDI-Werte und in einigen Teilen der Schülerstichprobe von Smucker, Craighead, Craighead & Green (1986) waren nach einem Jahr bei den Knaben überhaupt keine signifikanten Retest-Koeffizienten mehr festzustellen.

Normierung: Ausführliche und auf großen Stichproben von klinisch unauffälligen Schulkindern beruhende Normdaten liegen vor. Finch, Saylor & Edwards (1985) untersuchten 1463 Kinder aus der zweiten bis achten Schulstufe, von Smucker, Craighead, Craighead & Green (1986) wurden die Daten von 1252 Schülern aus der dritten bis neunten Schulstufe berichtet. Normdaten, beruhend auf der Untersuchung von 535 kinder- und jugendpsychiatrischen Patienten, wurden von Nelson, Politano, Finch, Wendel & Mayhall (1987) mitgeteilt.

Alters- und Geschlechtseffekte: In bezug auf die Frage, ob das Geschlecht und das Alter der Kinder die Höhe der durchschnittlich erzielten CDI-Scores beeinflussen, wurden recht uneinheitliche Ergebnisse berichtet. In den meisten Studien (z.B. Kaslow, Rehm & Siegel 1984, Saylor, Finch, Baskin, Furey & Kelly 1984, Kovacs 1985a, Reynolds, Anderson & Bartell 1985, Haley, Fine, Marriage, Moretti & Freeman 1985, Smucker, Craighead, Craighead & Green 1986, Spence & Milne 1987, Weiss & Weisz 1988) wurden keine konsistenten signifikanten Geschlechtseffekte beobachtet, in einigen Arbeiten erzielten die Mädchen im Schnitt höhere Scores als die Knaben (z.B. Seligman, Peterson, Kaslow, Tanenbaum, Alloy & Abramson 1984, Nelson, Politano, Finch, Wendel & Mayhall 1987) und von Finch, Saylor & Edwards (1985) wurden sogar umgekehrt signifikant höhere Durchschnittswerte der Knaben beobachtet.

Auch die Berichte über Alterseffekte sind nicht konsistent. In vielen Arbeiten waren die Altersschwankungen der CDI-Scores nicht signifikant (Jacobsen, Lahey & Strauss 1983, Kaslow, Rehm & Siegel 1984, Saylor, Finch, Baskin, Furey & Kelly 1984, Reynolds, Anderson & Bartell 1985, Nelson, Politano, Finch, Wendel & Mayhall 1987). Wenn signifikante Alterseffekte berichtet wurden, dann meist in Richtung höherer Depressionswerte für ältere Kinder (Haley, Fine, Marriage, Moretti & Freeman 1985, Finch, Saylor & Edwards 1985, Moretti, Fine, Haley & Marriage 1985, Weiss & Weisz 1988), jedoch wurde von Spence & Milne (1987) in einer Stichprobe von Schülern beiderlei Geschlechts von einer signifikante Abnahme der durchschnittlichen CDI-Scores von der 3. bis zur 5. Schulstufe berichtet.

Auf die Verwendung getrennter Geschlechts- und Altersnormen wird wegen der Inkonsistenz und der zu vernachlässigenden Größe der Effekte üblicherweise verzichtet (vgl. dazu Finch, Saylor & Edwards 1985 und Smucker, Craighead, Craighead & Green 1986).

Faktorielle Struktur: Kovacs (1985a) vertrat die Ansicht, daß das CDI eine weitgehend einfaktorielle homogene Struktur aufweise. Allerdings kam eine Reihe von Untersuchungen aus dem angloamerikanischen Raum hinsichtlich der faktoriellen Struktur des CDI zu sehr heterogenen und widersprüchlichen Ergebnissen.

In der Studie von Saylor, Finch, Spirito & Bennett (1984) ergab sich bei einem Extraktionskriterium von Eigenwerten größer 1 bei Schulkindern eine 8-Faktoren-Lösung, in einer klinischen Stichprobe eine 7-Faktoren-Lösung, die jeweils 58% der Varianz aufklärten. Inhaltliche Ähnlichkeiten zwischen den beiden Lösungen ergaben sich nur in bezug auf die ersten beiden Faktoren, die mit "Poor Self-Image" bzw. "Sense of Failure" bezeichnet wurden, während die übrigen

Faktoren uninterpretiert blieben. Die Autoren zogen aus diesen Ergebnissen den Schluß, daß die Depressionsmessung mittels CDI nicht eindimensional, sondern multidimensional sein dürfte, was auch in einer Untersuchung von Politano, Nelson, Evans, Sorenson & Zeman (1986) bestätigt wurde. Darüberhinaus fanden sich in der letztgenannten Arbeit auch Hinweise darauf, daß die faktorielle Struktur des Verfahrens bei verschiedenen ethnischen Gruppen unterschiedlich sein dürfte. Die faktorenanalytischen Untersuchungen, getrennt für schwarze und weisse stationäre kinder- und jugendpsychiatrische Patienten im Alter von 6 bis 18 Jahren durchgeführt, erbrachten bei Anwendung desselben Extraktionskriteriums in der Gruppe der schwarzen Kinder 5 Faktoren bei einer Varianzaufklärung von 45.8% und in der Gruppe der weißen Kinder 6 Faktoren, die insgesamt 47.8% der Gesamtvarianz erklärten.

Davon nochmals abweichende Ergebnisse fanden sich in der Untersuchung von Carey, Faulstich, Gresham, Ruggiero & Enyart (1987), in der ein 2- und ein 3-Faktor-Modell vorgestellt wurde, das sich jeweils sowohl in einer Stichprobe von klinisch auffälligen Kindern und Jugendlichen im Alter von 9 bis 17 Jahren als auch in einer nichtklinischen Kontrollgruppe darstellen ließ. Die Faktoren wurden mit "Depressive Affect" und "Oppositional Behavior" sowie der dritte Faktor mit "Personal Adjustment" bezeichnet. Nur die Scores in den ersten beiden Faktoren diskriminierten zwischen der klinisch auffälligen Gruppe und der Kontrollgruppe. Noch einmal andere faktorenanalytische Ergebnisse ergaben sich bei Spence & Milne (1987) und bei der Analyse einer Lehrerversion des CDI in der Arbeit von Helsel & Matson (1984).

Auf entwicklungs- und altersbedingte Unterschiede in der Faktorenstruktur des CDI wurde schließlich in der Untersuchung von Weiss & Weisz (1988) besonders hingewiesen, in der in einer Stichprobe psychopathologisch auffälliger Kinder und Jugendlicher die Daten für die jüngeren Probanden (8 bis 11 Jahre) und für die Adoleszenten (12 bis 16 Jahre) getrennt analysiert worden waren. In beiden Analysen wurden drei Faktoren extrahiert und schiefwinkelig rotiert. Dabei zeigten sich allerdings einige bemerkenswerte Unterschiede. In der Stichprobe der Adoleszenten fand sich als zweiter Faktor ein "Externalizing Behavior Factor", in dem sich jene CDI-Items gruppiert hatten, die sich auf aggressives, ausagierendes Verhalten bezogen. Ein solcher Faktor konnte aber bei den jüngeren Kindern nicht festgestellt werden. In bezug auf die Faktorscores traten nur bei den Adoleszenten Geschlechtsunterschiede auf. Die Mädchen erreichten dabei signifikant höhere Werte im ersten Faktor, einem Generalfaktor "Depression", Knaben hingegen erzielten tendenziell höhere Werte im erwähnten zweiten Faktor, der ausagierendes Verhalten erfaßte. Im Gesamtscore zeigten sich keine Geschlechtsunterschiede. Aus den Ergebnissen kann einerseits geschlossen werden, daß in bezug auf die Interpretation der CDI-Scores entwicklungsbedingte Unterschiede zwischen Kindern und Jugendlichen nicht außer acht gelassen werden dürfen, und andererseits kann vermutet werden, daß sich (zumindest bei älteren Kindern und Jugendlichen) zwei gegenläufige geschlechtsspezifische Tendenzen im CDI-Gesamtscore weitgehend aufheben dürften, weshalb in den meisten Studien keine Geschlechtseffekte festgestellt werden können.

Konvergente Validität: Zusammenhänge der CDI-Scores mit verwandten Variablen wurden in so vielen Studien dargestellt, daß hier nur ein Überblick über die Ergebnisse und der Hinweis auf die entsprechenden Arbeiten geboten werden soll. Kurz zusammengefaßt konnte gezeigt werden, daß die CDI-Scores signifikant mit anderen Depressionsmaßen korrelieren, beispielsweise mit dem Bellevue Index of Depression (Kazdin, French, Unis & Esveldt-Dawson 1983), der Children's Depression Scale (Rotundo & Hensley 1985, Kazdin 1987b), dem Peer Nomination Inventory of Depression (Saylor, Finch, Baskin, Saylor, Darnell & Furey 1984), weiters mit Maßen für manifeste Angst (Norvell, Brophy & Finch 1985, Reynolds, Anderson & Bartell 1985, Blumberg & Izard 1986, Treiber & Mabe 1987), mangelnde soziale Fertigkeiten (Helsel & Matson 1984), Unbeliebtheit (Vosk, Forehand, Parker & Rickard 1982, Faust, Baum & Forehand 1985, Strauss, Forehand, Smith & Frame 1986), Hoffnungslosigkeit (Kazdin, French, Unis, Esveldt-Dawson & Sherick 1983, Kazdin, Rodgers & Colbus 1986, Spirito, Williams, Stark & Hart 1988), Beeinträchtigungen des Selbstwertgefühls (Kaslow, Rehm & Siegel 1984, Strauss, Forehand, Frame & Smith 1984), depressionsspezifische Attributionsstile (Saylor, Finch, Spirito & Bennett 1984, Seligman, Peterson, Kaslow, Tanenbaum, Alloy & Abramson 1984, Nolen-Hoeksema, Girgus & Seligman 1986, Seligman & Peterson 1986, Fincham, Diener & Hokoda 1987, Weisz, Weiss, Wassermann & Rintoul 1987, Weisz, Stevens, Curry, Cohen, Craighead, Burlingame, Smith, Weiss & Parmelee 1989), depressionsspezifische kognitive Verzerrungen (Leitenberg, Yost & Carroll-Wilson 1986, Meyer, Dyck & Petrinack 1989), vermindertes kognitives Tempo und schlechtere kognitive Leistungen (Schwartz, Friedman, Lindsay & Narrol 1982, Kaslow, Tanenbaum, Abramson, Peterson & Seligman 1983, Kaslow, Rehm & Siegel 1984, siehe dazu auch McGee, Anderson, Williams & Silva 1986), aber auch mit Maßen für Verhaltensstörungen und Delinquenz (Kazdin, Esveldt-Dawson, Unis & Rancurello 1983, Jacobsen, Lahey & Strauss 1983, Norvell & Towle 1986). Keine Korrelation konnte mit einer Skala zur Erfassung von Anhedonie gefunden werden (Kazdin 1989a).

Diskriminative Validität: Trotz oder vielleicht gerade wegen der vergleichsweise großen Anzahl von Arbeiten, die sich mit der Diskriminationsfähigkeit der CDI-Scores auseinandergesetzt haben, sind die Antworten auf die dabei gestellten Fragen uneinheitlich geblieben. Zwar zeigt sich in einigen Studien erwartungsgemäß, daß sich Gruppen affektiv gestörter Patienten (nach RDC oder DSM-III) von Patienten mit anderen psychiatrischen Diagnosen durch signifikant höhere durchschnittliche CDI-Scores unterscheiden (Carlson & Cantwell 1980, Kazdin, French & Unis 1983, Kazdin, French, Unis, Esveldt-Dawson & Sherick 1983, Rotundo & Hensley 1985, Asarnow & Carlson 1985, Lobovits & Handal 1985, Haley, Fine, Marriage, Moretti & Freeman 1985, Kazdin, Colbus & Rodgers 1986, Romano & Nelson 1988), jedoch werden die Ergebnisse dieser Arbeiten durch eine Reihe von widersprüchlichen Resultaten in anderen Studien stark relativiert. Schon Kovacs (1985a) hatte auf einige Probleme in bezug auf die diskriminative Validität des CDI hingewiesen und davon abgeraten, den Test in ambulanten Settings zur Selektion von Patienten zu verwenden. In der Arbeit von Kazdin, French, Unis & Esveldt-Dawson (1983) gelang es beispielsweise nicht, anhand der CDI-Scores der Kinder zwischen stationär aufgenommenen depressiven und nichtdepressiven kinderpsychiatrischen Patienten zu differenzieren. Dies war interessanterweise anhand der von den Eltern ausgefüllten Version des CDI möglich. Bei Kazdin (1987b) führte auch die Kombination von Selbstbeurteilung der Kinder und Fremdbeurteilung durch die Eltern nicht mehr zu einer signifikanten Differenzierungsleistung zwischen depressiven (definiert nach RDC) und nichtdepressiven kinderpsychiatrischen Patienten. Bei Romano & Nelson (1988) hingegen waren es nur die Angaben der Kinder, die eine solche Differenzierung erlaubten. Saylor, Finch, Spirito & Bennett (1984) und Benfield, Palmer, Pfefferbaum & Stowe (1988) fanden überhaupt keine Unterschiede zwischen den durchschnittlichen CDI-Scores von depressiven Patienten (nach DSM-III) und solchen mit anderen psychischen Störungen. Wohl aber zeigte sich in der ersteren Studie, daß die gesamte diagnostisch heterogene Gruppe der psychiatrisch auffälligen Kinder signifikant höhere Scores als eine Kontrollgruppe von Schülern aufgewiesen hatte, was nach Meinung der Autoren dafür spricht, daß der Test eher unspezifisch auf die allgemeinen emotionalen Probleme von kinder- und jugendpsychiatrischen Patienten ansprechen dürfte. Dafür spricht auch die Beobachtung von Allen & Tarnowski (1989), wonach das CDI signifikant zwischen physisch mißhandelten Kindern und einer Kontrollgruppe differenzierte. Auch Hodges, Kline, Stern, Cytryn & McKnew (1982) berichteten von signifikanten Mittelwertsunterschieden zwischen diagnostisch heterogenen Gruppen von stationären und ambulanten Patienten mit Verhaltensproblemen einerseits und einer klinisch unauffälligen Kontrollgruppe andererseits. In der Untersuchung von Saylor, Finch & McIntosh (1988), in der stationäre psychiatrische Patienten, ambulante psychiatrische Patienten und pädiatrische Patienten mit klinisch unauffälligen Schülern verglichen wurden, zeigte allerdings wiederum keine der Patientengruppen signifikant höhere CDI-Werte als die Kontrollgruppe der Schüler. In bezug auf die Differenzierung von Subkategorien der Affektiven Störungen konnte in der Arbeit von Moretti, Fine, Haley & Marriage (1985) festgestellt werden, daß Kinder mit Major Depression höhere CDI-Scores aufwiesen als jene mit einer Dysthymen Störung. Letztere unterschieden sich allerdings hinsichtlich ihrer Testwerte nicht mehr von Kindern mit

Verhaltensstörungen und anderen psychischen Störungen. Ein Schwierigkeit für das CDI bildet offensichtlich besonders die Unterscheidung zwischen depressiven und verhaltensgestörten Kindern (z.b. Nelson, Politano, Finch, Wendel & Mayhall 1987, Politano, Edinger & Nelson 1989). Eine Erklärung für diese Probleme wurde von verschiedenen Autoren einerseits in der hohen Komorbidität der Affektiven Störungen gesucht, das heißt in der hohen Prävalenz depressiver Zustandsbilder bei Kindern, die eine andere Diagnose erhalten hatten (z.b. Costello & Angold 1988), andererseits wurde von Norvell & Towle (1986) darauf hingewiesen, daß es speziell einige Items des CDI sind, die für eine Korrelation der Testscores mit Maßen für Delinquenz und Verhaltensstörungen sorgen.

Wierzbicki (1987b) stellte schließlich noch fest, daß die CDI-Scores von monozygoten Zwillingen einander wesentlich ähnlicher waren als jene von dizygoten Zwillingen.

Zusammenfassende Einschätzung: Gemessen an der Häufigkeit, mit der das CDI in Forschungsarbeiten angewandt wurde, stellt es den unangefochtenen Spitzenreiter in der Beliebtheit aller hier vorgestellten Verfahren dar und ist im angloamerikanischen Bereich in diesem Sinn geradezu zu einem Standardverfahren zur Selbstbeurteilung depressiver Verstimmungszustände bei Kindern geworden. Dies ist insoferne ein wenig erstaunlich, weil einerseits das Verfahren überhaupt nie offiziell publiziert wurde und weil andererseits die psychometrischen Eigenschaften des CDI durchaus noch Anlaß zu Verbesserungswünschen geben. Jedenfalls aber ist das CDI unter all den in diesem Rahmen besprochenen Verfahren dasjenige, dessen psychometrische Eigenschaften bislang am besten erforscht sind und das trotz seiner Schwächen seine Nützlichkeit schon in einem sehr weiten Bereich unter Beweis stellen konnte. Die größte Schwäche des CDI dürfte dabei wohl seine weitgehend unklare innere

Struktur darstellen. Aus der ungeklärten meßtheoretischen Frage nach der Dimensionalität erwachsen auch inhaltliche Probleme mit der Definition des von dem Verfahren erfaßten Konstrukts. Deutsche Übersetzungen liegen vor, die Erfahrungen mit diesen werden gesondert dargestellt.

4.2.1.6. Weitere fremdsprachige Fragebögen

Abgesehen von den bisher dargestellten Verfahren, die zur Erfassung depressiver Verstimmungszustände bei Kindern in der einschlägigen internationalen Forschungsliteratur häufig eingesetzt wurden, gibt es auch noch einige andere in diesem Zusammenhang interessante Fragebögen, die aus unterschiedlichen Gründen in diesem Rahmen nicht ausführlicher besprochen werden.

Dabei sollen zu allererst nochmals die Achenbach-Skalen, insbesondere die Child Behavior Checklist CBCL in ihren verschiedenen Formen, erwähnt werden (Achenbach 1978, Achenbach & Edelbrock 1979, Achenbach & McConaughy 1987). Die Gruppe von Verfahren wurde zur empirisch fundierten multidimensionalen Beschreibung und Erfassung von Verhaltensproblemen bei Kindern und Jugendlichen entwickelt, die Depressionsskalen stellen dabei jeweils nur eine Subskala eines mehrfaktoriellen Verfahrens dar. Dementsprechend grundlegend sind die im Zusammenhang mit der Erforschung der psychometrischen Kriterien der Skalen auftretenden Fragen und der Umfang der dazu vorliegenden Arbeiten füllt mehrere Bücher (siehe Achenbach & Brown 1989). In bezug auf die Erfassung depressiver Störungen im besonderen liegt aber noch relativ wenig Information vor. Deutsche Versionen der CBCL wurden von Lösel, Bliesener, Klünder & Köferl (1988) und Lösel, Bliesener & Köferl (1989) sowie von Remschmidt & Walter (1990a,b) erarbeitet.

Ebenfalls ein multidimensionales Verfahren mit einer Depressions-Subskala stellt das Personality Inventory for Children PIC dar (Wirt, Lachar, Klinedinst & Seat 1984). Der Test besteht aus 600 Items, die nach rationalen Kriterien 16 klinischen und 17 zusätzlichen Skalen zugeordnet wurden. Die Fragen werden von einem Elternteil des zu beurteilenden Kindes beantwortet, dienen also ausschließlich zur Fremdbeurteilung der Kinder. In bezug auf die Anwendung des Verfahrens zur Quantifizierung depressiver Zustandsbilder gilt ähnliches wie für den vorgenannten Test.

Die Reynolds Child Depression Scale RCDS (Reynolds, in press) wurde vom Testautor seit geraumer Zeit als ökonomisches Verfahren mit vielversprechenden psychometrischen Eigenschaften angekündigt (z.B. Reynolds 1984, 1985, 1987, Reynolds, Anderson & Bartell 1985, Reynolds & Graves 1989). Jedoch reagierte der Autor weder auf Bitten um Zusendung der Testitems, noch auf Bitten um weitere in Europa schwer erhältliche Sonderdrucke, sodaß eine Beschäftigung mit der Reynolds-Skala hier in Ermangelung genauerer Informationen unterbleibt.

Von Eddy & Lubin (1989) wurde die Publikation einer Kinderform der Depression Adjective Check List C-DACL angekündigt, von ihrer Anwendung mit Kindern liegen allerdings bislang noch keine Berichte vor.

Von Battle's Depression Inventory for Children wurde unseres Wissens bislang außer einigen Koeffizienten für die Retestreliabilität (Battle 1987) überhaupt nichts veröffentlicht, daher kann auch nichts berichtet werden.

Die Fragebögen von Cardoze Comanto (1985) zur Selbst- und Fremdbeurteilung von Kindern, und die Lehrerskalen von Doménech, Monreal & Ezpeleta (1985) (siehe Ezpeleta Polaino, Doménech & Doménech 1990), liegen bislang nur in spanischer Sprache vor und haben schon allein dadurch derzeit kaum Chancen, in der angelsächsisch dominierten "scientific community" Beachtung (und Anwender) zu finden.

4.2.1.7. Selbstbeurteilungsskalen für Jugendliche

Einige, aber vergleichsweise wenige Arbeiten erschienen zur Frage der Entwicklung besonderer Fragebogenverfahren zur Depressionsmessung bei Jugendlichen, wobei mit dieser Bezeichnung meist die Altersgruppe der 14- bis 19jährigen gemeint ist. Aufgrund der bislang vorliegenden Daten kann angenommen werden, daß in dieser Altersgruppe die Anwendung der Erwachsenenversionen der einschlägigen Fragebogen bereits durchaus akzeptable Ergebnisse bringt, sodaß die Entwicklung neuer Verfahren keine mit den Verhältnissen bei den Kindern vergleichbare Dringlichkeit aufweist. Wie bei den Studien mit Erwachsenen fand auch hier übrigens unter allen zur Auswahl stehenden Verfahren das altbewährte Beck Depression Inventory BDI (Beck, Ward, Mendelson, Mock & Erbaugh 1961, eine deutsche Übersetzung wurde von Pöldinger, Blaser & Gehring 1969 veröffentlicht) die größte Verbreitung (vgl. z.B. Strober, Green & Carlson 1981, Teri 1982a,b, Friedrich, Reams & Jacobs 1982, Kaplan, Hong & Weinhold 1984, Yanish & Battle 1985, Carey, Kelley, Buss & Scott 1986, Barrera & Garrison-Jones 1988, Kashani, Sherman, Parker & Reid 1990, Larsson & Melin 1990).

Einer der wenigen speziell für den Gebrauch bei Jugendlichen entwickelten Fragebögen ist die aus dem Fragenpool des MMPI zusammengestellte Face Valid Depression Scale von Mezzich & Mezzich (1979a,b), deren Weiterentwicklung und Anwendung in der Folge aber stagnierte.

Ein ebenfalls speziell für Jugendliche entwickeltes Selbstbeurteilungsverfahren zur Erfassung depressiver Verstimmungen ist die Reynolds Adolescent Depression Scale RADS.

Dieser Fragebogen von Reynolds (1987) besteht aus 30 einfachen Feststellungen ("I feel sad"), deren Zutreffen von den Jugendlichen auf einer vierstufigen Skala eingestuft werden muß. Die RADS weist nach Angaben des Autors eine hohe interne Konsistenz und eine sehr gute Reliabilität auf.

4.2.2. Entwicklungen in den deutschsprachigen Ländern

Wie so oft, wenn Bilanz über die empirisch-psychologische wissenschaftliche Produktivität in den deutschsprachigen Ländern gezogen wird (siehe z.B. Blöschl 1987), so muß auch hinsichtlich der Beiträge zum Problem der Erfassung depressiver Zustandsbilder bei Kindern konstatiert werden, daß die wenigen Arbeiten, die dazu überhaupt vorgelegt wurden, zum allergrößten Teil aus der ursprünglichen Bundesrepublik Deutschland stammen. Aus den anderen deutschsprachigen Ländern liegen dazu, abgesehen von zwei Arbeiten aus der ehemaligen DDR (Lobert 1989, 1990) und einigen Arbeiten der Grazer Forschergruppe, unseres Wissens keine weiteren Berichte vor.

Die Forschungsaktivitäten zu diesem Thema konzentrieren sich aber auch in der Bundesrepublik Deutschland auf die Arbeiten einer sehr kleinen Gruppe von Wissenschaftern. Obwohl selbst nicht direkt an testpsychologischen Arbeiten beteiligt, ist dabei an prominenter Stelle der Kinder- und Jugendpsychiater Gerhardt Nissen von der Universität Würzburg zu nennen, der als erster deutschsprachiger Autor zu einem, auch international gesehen, sehr frühen Zeitpunkt in seiner Monographie über depressive Syndrome im Kindes- und Jugendalter auf das Problem aufmerksam machte (Nissen 1971) und sich seitdem weiter kontinuierlich mit dem Thema beschäftigte. In vielen neueren Beiträgen behandelt der Autor Fragen der Diagnostik bei depressiven Kindern und Jugendlichen aus psychiatrischer Sicht (Nissen 1975, 1980/81, 1981, 1983a,b, 1984a,b,c,d, 1985a,b, 1987, 1989) und muß als einer der Pioniere dieses speziellen Forschungsgebiets, aber auch ganz allgemein der Kinder- und Jugendpsychiatrie im deutschsprachigen Raum gewürdigt werden (vgl. Eggers 1988, Friese & Trott 1988).

Von Gustav Adolf Lienert und Ralph Kohnen von der Universität Erlangen-Nürnberg wurde die erste Experimentalfassung eines deutschsprachigen Depressionstests für Kinder vorgestellt (Lienert & Kohnen 1978) und auch andere originelle Ansätze in der psychologischen Depressionsdiagnostik (z.B. Lienert, Gebert & Kohnen 1979, Kohnen 1981) entwickelt und angeregt.

Joachim Stiensmeier von der Universität Bielefeld stellte die erste deutsche Übersetzung des CDI vor (Stiensmeier 1988), die inzwischen unter dem Namen "Depressions-Inventar für Kinder und Jugendliche DIKJ" (Stiensmeier-Pelster, Schürmann & Duda 1989) am Markt erschienen ist.

Parallel dazu, aber unabhängig voneinander, hatten auch Christiane Nevermann an der Freien Universität Berlin und Wilfrid Lobert an der Friedrich-Schiller-Universität Jena eigene Übersetzungen des CDI besorgt[*]) und erste Erfahrungen damit berichtet (Nevermann 1990, Lobert 1989, 1990).

Schließlich sollen noch die einschlägigen aus Österreich kommenden Forschungsaktivitäten der Gruppe um Lilian Blöschl an der Karl-Franzens-Universität in Graz erwähnt werden, der auch der Autor dieser Arbeit angehört (z.B. Blöschl 1983, 1986, 1988, Blöschl & Ederer 1986, Ederer 1988ab, 1989ab).

---

[*])Nach Fertigstellung des Layouts der vorliegenden Arbeit tauchte noch eine vierte deutsche CDI-Version auf: Reinhard, Bowi & Rulcovius (1990) Zeitschrift für Kinder- und Jugendpsychiatrie 18: 185-191.

4.2.2.1. Der Fragebogen von Lienert & Kohnen (1978)

Beim im Jahre 1978 in Nürnberg stattfindenden 10th Meeting of the International Group of the Study of Affective Disorders stellten die Autoren einen aus ursprünglich 128 Items bestehenden deutschsprachigen Fragebogen unter der Bezeichnung "Questionnaire in Child Depression" vor. Die Fragen waren hauptsächlich anhand des im Buch von Nissen (1971) dargestellten Symptomkataloges für depressive Zustandsbilder bei Kindern entwickelt worden. Der Test wurde schriftlich vorgegeben, die Fragen waren mit "ja" oder "nein" zu beantworten. Für Kinder im Alter von 8 bis 10 Jahren empfahlen die Autoren eine Gruppierung von 82 Items in 5 Skalen, die bei einer Faktorenanalyse der Daten von 501 Kindern dieses Alters auf empirischem Wege gewonnen worden waren. Bei der Faktorenanalyse der Daten von 631 älteren Kindern (10 bis 13 Jahre) erwies sich hingegen nach den Angaben der Autoren eine 3-Faktor-Lösung als optimal, wobei in dieser Variante nur 54 Items zur Verrechnung kamen. Der gesamte Fragenpool für beide Varianten, inclusive zweier Aufwärmer, enthielt 85 Items. Lienert & Kohnen (1978) nahmen an, daß entwicklungsspezifische Veränderungen der Symptomatologie depressiver Zustandsbilder für die unterschiedliche Anzahl von Faktoren bei jüngeren und älteren Kindern verantwortlich seien. Ihr Modell ging davon aus, daß sich depressives Verhalten von Kindern mit zunehmendem Alter immer weiter ausdifferenziere, und im Alter von 8 bis 10 Jahren mittels der 5 Faktoren "soziale Angst", "Überangepaßtheit", "Agitiertheit", "soziale Zurückweisung", und "allgemeine depressive Verstimmung" beschrieben werden könne. Im Alter von 10 bis 13 Jahren sollen die Faktoren "soziale Angst" und "soziale Zurückweisung" einerseits und "Überangepaßtheit" und "Agitation" andererseits zu den größeren Faktorstrukturen "Probleme bei der sozialen Integration" und "Probleme bei der Normintegration" verschmelzen. Diese wiederum bildeten mit dem dritten, aus der "allgemeinen depressiven Verstimmung" entstandenen Faktor "Probleme bei der Selbstintegration" die 3-Faktor-Lösung des Fragebogens.

Kohnen (1981) verwendete in seiner Studie den oben beschriebenen Fragebogen, um die Kinder einer Hauptschulklasse in zwei Gruppen mit eher niedrigen und eher hohen Scores zu teilen. Während eines darauffolgenden einwöchigen Aufenthaltes der Klasse in einem Schullandheim schätzten die Kinder dreimal täglich, jeweils vor den Mahlzeiten, ihre Stimmung auf einer Thermometerskala ein. Die beiden Gruppen von Kindern mit unterschiedlichen Depressionstestscores unterschieden sich nicht hinsichtlich ihrer durchschnittlichen Stimmungseinschätzungen. Es zeigte sich jedoch, daß die Kinder mit den höheren Depressionstestwerten eine signifikant höhere Variabilität ihrer Stimmungseinschätzungen aufwiesen. Der Autor zog aus den Ergebnissen seiner Arbeit den Schluß, daß möglicherweise die beobachteten Stimmungsschwankungen Indikatorfunktion für Depressionstendenzen bei Kindern haben könnten. Dieser für die Depressionsdiagnostik bei Kindern durchaus originelle Ansatz wurde dann allerdings nicht mehr weiterverfolgt, auch die Arbeit am Test selbst wurde von den Testautoren nicht mehr aufgenommen.

Rossmann & Kristopheritsch (1984) verglichen mit dem erwähnten Depressionstest 30 als depressiv diagnostizierte Patienten im Alter von 8 bis 16 Jahren und eine gleich große Kontrollgruppe von klinisch unauffälligen Schulkindern. Der Gesamtscore des Tests differenzierte hochsignifikant zwischen den beiden Kindergruppen, die sich im übrigen erwartungsgemäß auch noch hinsichtlich ihrer Dependenzbedürfnisse und hinsichtlich der Depressivität und Dependenz ihrer Mütter unterschieden (vgl. dazu auch Forehand & Smith 1986).

Weitere Auswertungsschritte in bezug auf dieselben Daten sind den Dissertationen von Moser (1983) und Kristopheritsch (1983) zu entnehmen. Demnach war die signifikante Differenzierungsleistung des Tests zwischen den als depressiv diagnostizierten Kindern und den Kontrollkindern hauptsächlich auf drei Skalen der 5-Faktor-Lösung zurückzuführen. Die als depressiv diagnostizierten Kinder unterschieden sich von den klinisch unauffälligen Kontrollkindern durch höhere Scores in den Skalen "soziale Angst", "soziale Zurückweisung" und "allgemeine depressive Verstimmung". Bei Anwendung der 3-Faktor-Lösung waren es die Probleme der Selbstintegration und der sozialen Integration, die signifikant zwischen den Gruppen unterschieden. Die Skalen "Überangepaßtheit" und "Agitiertheit" der 5-Faktor-Lösung trugen ebensowenig zu einer Unterscheidung der Gruppen bei wie das verwandte Konstrukt "Probleme der Normintegration" aus der 3-Faktor-Lösung.

Huber (1989) legte den Fragebogen 60 Kindern von alkoholabhängigen Vätern und 60 Kontrollkindern vor. Die beiden Gruppen unterschieden sich sowohl hinsichtlich des Gesamtscores wie auch hinsichtlich der Scores in allen Skalen der verwendeten 5-Faktor-Lösung, mit Ausnahme der Skala "Überangepaßtheit". Geschlechtsunterschiede waren in zwei Subskalen festzustellen. Die Mädchen wiesen höhere Werte hinsichtlich sozialer Angst und Überangepaßtheit auf.

In den Arbeiten von Egger (1989), Roschitz (1987) und Kleebauer (in Vorbereitung) wurde in Anbetracht obiger Ergebnisse und in Ermangelung eines empirisch besser abgesicherten deutschsprachigen Verfahrens zur ökonomischen Erfassung der Depressivität bei Kindern nur noch die aus 26 Items bestehende Subskala "allgemeine depressive Verstimmung" aus der 5-Faktor-Lösung des Tests von Lienert & Kohnen (1978) eingesetzt.

Bei einer im Zusammenhang mit den Arbeiten von Blöschl & Ederer (1986) und Ederer (1989a) durchgeführten und unpubliziert gebliebenen Hauptkomponentenanalyse der Fragebogendaten von 253 Gymnasialschülern aus der siebenten und achten Schulstufe (Durchschnittsalter 13 Jahre) konnte allerdings die von den Testautoren berichtete Faktorenstruktur des Tests nicht repliziert werden. Die 54 Items der für die entsprechende Altersgruppe zu erwartenden 3-Faktor-Lösung wurden in nicht weniger als 21 meist recht gut interpretierbare Faktoren mit Eigenwerten über 1 gruppiert.

4.2.2.2. Deutsche Versionen des Children's Depression Inventory CDI

Mehr als zehn Jahre nach der Entwicklung des amerikanischen Originals wurde von Stiensmeier (1988) die erste deutsche Version des CDI publiziert. Parallel dazu hatte Nevermann (1990) eine eigene, in einigen sprachlichen Details von der erstgenannten leicht abweichende Übersetzung des Tests durchgeführt und in einem Forschungsprojekt zur Erfassung von Depressionen bei Kindern verwendet. Ebenfalls parallel dazu wurde auch in der DDR von Lobert (1989) an einer deutschen Adaption des Verfahrens gearbeitet. Paradoxerweise wurde die erste deutsche Version trotz der zeitlichen Verzögerung noch immer früher als das amerikanischen Original veröffentlicht, da letzteres, wie erwähnt, bis heute nur in Form eines photokopierten Manuskripts der Verfasserin weitergegeben wird.

Stiensmeier (1988) führte auch eine erste Erkundungsstudie durch, um Hinweise auf Reliabilität und Validität seiner deutschen Version des Verfahrens zu gewinnen. Anhand der

Analysedaten von 214 Schülern im Alter von 10 bis 13 Jahren wurden einige Items mit zu geringen Trennschärfen neu überarbeitet. Das Selbstmordgedanken thematisierende Item des CDI mußte überhaupt gestrichen werden, da für den Autor die Genehmigung zur Datenerhebung in öffentlichen Schulen nur mit dieser Auflage zu erhalten war (vgl. dazu die Überlegungen von Burbach, Farha & Thorpe 1986 bezüglich der ethischen Verantwortung des Forschers). Das Selbstmord-Item wurde durch eine Frage ersetzt, die sich auf Schwierigkeiten bei der Bewältigung von Problemen bezog. Die so erstellte aus 27 Items bestehende Skala wurde einer weiteren Analysestichprobe von 153 Schülern beiderlei Geschlechts zur Bearbeitung vorgelegt. 54 dieser Schüler bearbeiteten den Fragebogen nach einem Intervall von acht Wochen auch noch ein zweites Mal. Die Daten bezüglich der Reliabilität des Verfahrens waren insgesamt zufriedenstellend, die interne Konsistenz wurde mit einem Alpha von .86, die Retest-Reliabilität mit .76 geschätzt. Eine Hauptkomponentenanalyse mit anschließender Varimaxrotation wurde durchgeführt und erbrachte nach dem üblichen Extraktionskriterium von Eigenwerten >1 neun schwer interpretierbare Faktoren, die insgesamt 63% der Gesamtvarianz erklärten. Die Lösung wies allerdings nach Meinung des Autors nicht eindeutig auf das Vorliegen einer mehrdimensionalen Struktur der Skala hin, da sich durch einen recht starken ersten Faktor die Frage stellte, ob nicht auch die Extraktion nur dieses einen Faktors sinnvoll wäre. Durch diesen Faktor würde allerdings nur 23% der Gesamtvarianz der Testpunktwerte erklärt.

Weitere Analyseschritte zur Überprüfung der Validität des Verfahrens wurden anhand der Daten von 75 Gymnasialschülern, ebenfalls im Alter von 10 bis 13 Jahren, vorgenommen. Die Schüler bearbeiteten zusätzlich zum CDI-d noch die Subskalen "Prüfungsangst" und "manifeste Angst" des Angstfragebogens für Schüler AFS von Wieczerkowski, Nickel, Janowski, Fittkau & Rauer (1976) und die Subskalen "Selbstwertgefühl" und "Einschätzung eigener Fähigkeiten" aus dem Fragebogen zum Selbstkonzept FSK 4-6 von Wagner (1977). Die Scores des CDI-d korrelierten mit allen genannten Skalen hochsignifikant. Unterschiede zwischen den durchschnittlichen Punktwerten von Mädchen und Knaben konnten nicht festgestellt werden, jedoch nahmen die CDI-d Scores mit zunehmendem Alter der befragten Schüler deutlich zu. Die Korrelation zwischen Alter und Depressionstestwerten wurde mit .23 angegeben, die Korrelation mit der Jahrgangsstufe betrug sogar .28. Die Autoren vermuteten, daß dieses Ergebnis spezifisch für Stichproben von Gymnasiasten dieses Alters sein könnte, da durch den Übertritt in die höhere Schule soziale Vergleichsprozesse mit ähnlich leistungsfähigen Schülern provoziert würden, und damit möglicherweise in den ersten Schulstufen eine systematische Verminderung des Selbstwertgefühls von Gymnasialschülern einhergehen könnte. Daten, aus denen hervorging, daß die Schüler in den ersten drei Schulstufen eines Gymnasiums schulartspezifische Sozialisationsprozesse durchmachen, die zu jenen in den entsprechenden Schulstufen der Hauptschule teilweise gegenläufig sind, haben beispielsweise Schwarzer & Royl (1976) vorgelegt. Daraus ging hervor, daß in den ersten drei Schulstufen des Gymnasiums bei den Schülern Prüfungsangst und Schulunlust stetig zunahmen, während bei Hauptschülern im entsprechenden Zeitraum eine ebenso stetige Abnahme von Prüfungsangst und wenig Veränderung bezüglich der Schulunlust festgestellt werden konnte.

Stiensmeier-Pelster, Schürmann & Duda (1989) trugen weitere testtheoretisch relevante Daten für die deutsche CDI-Übersetzung von Stiensmeier (1988) zusammen und publizierten das Verfahren unter dem Namen "Depressions-

Inventar für Kinder und Jugendliche DIKJ". Von den Autoren wurde der Test an einer Stichprobe von mehr als 800 klinisch unauffälligen Knaben und Mädchen aus fünften bis zehnten Klassen verschiedener deutscher Schulen geeicht und außerdem einer Stichprobe von 83 psychopathologisch auffälligen Kindern und Jugendlichen zur Bearbeitung vorgelegt. Für beide Stichproben getrennt wurden Berechnungen von Itemkennwerten, Schätzungen der internen Konsistenz und Faktorenanalysen durchgeführt, wobei die wesentlichen Ergebnisse der vorhergehenden Arbeit repliziert werden konnten. Die interne Konsistenz war (mit .85 für die Schülerstichprobe und .88 für die Klinikstichprobe) befriedigend und die faktorielle Struktur des Tests war in den beiden Stichproben unterschiedlich, sowohl was die Zahl, wie auch was den Inhalt der Faktoren betrifft. Lobert (1990) berichtet für seine deutsche Version wiederum von einer anderen Faktorenstruktur (vier Faktoren). Die unklaren Ergebnisse hinsichtlich der Faktorenstruktur stimmen mit den bereits erwähnten Befunden für die amerikanische Originalversion des CDI überein.

In einzelnen Teilstichproben wurden von Stiensmeier-Pelster, Schürmann & Duda (1989) Aspekte der Validität des Verfahrens geprüft. In einer Stichprobe von 346 klinisch unauffälligen Schülerinnen und Schülern wurden die in der Untersuchung von Stiensmeier (1988) gefundenen Zusammenhänge mit Selbstkonzeptskalen, mit manifester Angst und Prüfungsangst repliziert und zusätzlich Zusammenhänge mit depressionsspezifischen Attributionstendenzen gefunden. Es zeigte sich dabei, daß Kinder mit niedrigen Depressionswerten dazu neigten, für ihren Erfolg ihre Fähigkeiten und für Mißerfolg den Zufall verantwortlich zu machen, während Kinder mit hohen Depressionsscores dazu tendierten, für Erfolg den

Zufall und für Mißerfolg mangelnde Fähigkeit oder mangelnde Anstrengung verantwortlich zu machen.

Korrelationen zwischen der Selbstbeurteilung im DIKJ und den Angaben der Eltern über die Symptome ihrer Kinder in einem Elternfragebogen wurden für eine Teilstichprobe von 93 Schülerinnen und Schülern berechnet. Die diesbezüglichen Koeffizienten waren, wo überhaupt statistisch signifikant, nur sehr niedrig.

Aspekte der diskriminativen Validität des Verfahrens wurden anhand eines Teils der Stichprobe der klinisch auffälligen Kinder und Jugendlichen überprüft. Es wird anhand der Darstellung der Autoren allerdings nicht ganz klar, warum schließlich nur 38 der psychopathologisch auffälligen Kinder mit (nach Geschlecht, Alter, Schulform und Klassenstufe parallelisierten) 38 Vergleichskindern aus der psychopathologisch unauffälligen Gruppe verglichen wurden. Jedenfalls zeigten die 38 auffälligen Kinder im Test signifikant höhere Durchschnittswerte als die klinisch unauffälligen Vergleichspersonen. Die weiteren durchgeführten Vergleiche zwischen einzelnen diagnostischen Gruppen beruhten auf extrem kleinen Stichproben. Bevor über die Anwendbarkeit der deutschen Übersetzung des CDI zur Differenzierung klinischer Gruppen eine Aussage gemacht werden kann, sollte auf weitere Daten gewartet werden.

Die deutsche CDI-Version von Nevermann (1990) unterscheidet sich von der obengenannten einerseits durch sprachliche Unterschiede in der Übersetzung der einzelnen Items und andererseits durch einen anderen Umgang mit dem Problem des im amerikanischen Original des CDI vorhandenen Selbstmordlitems. Auch in dieser deutschen Version wurde nämlich das Selbstmorditem weggelassen, um die Erlaubnis zur Durchführung von Untersuchungen an öffentlichen Schulen zu erhalten, jedoch wurde das weggelassene Item nicht durch ein anderes ersetzt. Der Fragebogen nach Nevermann (1990) enthält damit um eine Frage weniger als das amerikanische Original und besteht nur aus 26 Items.

Nach Mitteilung der Autorin wurde als Schätzung für die interne Konsistenz des Fragebogens in einer umfangreichen Schülerstichprobe (629 Schülerinnen und Schüler aus der fünften und sechsten Schulstufe) ein Alpha von .82 ermittelt und nach einer Testwiederholung an einer Teilstichprobe ein Alpha von .84.

Nevermann (1990) berichtete über signifikante Zusammenhänge zwischen dem Gesamtscore ihrer Skala und einer deutschsprachigen Version des Peer Nomination Inventory of Depression, wobei letzteres Verfahren auch als Lehrerversion und in einer Version zur Selbstbeurteilung der Kinder Verwendung fand. Perlwitz und Maier (1989) schließlich konnten unter Verwendung derselben CDI-Version zeigen, daß sich das Verbalverhalten von Kindern mit hohen CDI-Testpunktwerten in einem Assoziationsexperiment von jenem von Kindern mit niedrigen Depressionswerten unterschied.

In einer Studie von Reicher & Rossmann (1990) wurden 658 Schüler im Alter von 9 bis 13 Jahren mit der deutschen Fassung des CDI in der Übersetzung von Nevermann (1990) untersucht. Während die interne Konsistenz des Fragebogens mit einem Alpha von .81 durchaus befriedigend war, erwies sich jedoch auch hier die faktorielle Struktur des Verfahrens als unklar und sehr schwer zu interpretieren. Die durchgeführten Vergleiche mit den Ergebnissen eines beim Autor der vorliegenden Arbeit in Entwicklung befindlichen eigenen Depressionstests für Kinder (eine kurze Darstellung folgt im nächsten Abschnitt) ließen außerdem den Schluß zu, daß sich der CDI-Gesamtscore bei Knaben und Mädchen aus unterschiedlich gewichteten Varianzanteilen zusammensetzt, was bedeutet, daß das CDI bei Knaben und Mädchen unterschiedliche Konstrukte erfassen dürfte. Nach diesen Ergebnissen scheint bei Mädchen die Varianz des CDI-Gesamtscores zu einem vergleichsweise größeren Anteil aus Items zu entstehen, die sich auf depressive Stimmung, Selbstwert- und psychosomatische Probleme beziehen, während sich bei Knaben höhere CDI-Scores zu einem größeren Anteil aus Punkten von Items zusammensetzen, die das Auftreten eher agitierter Verhaltensweisen erfassen. Diese auf Itemebene gut darstellbaren gegenläufigen Geschlechtsunterschiede heben einander bei der Bestimmung eines Gesamtscores gewissermaßen gegenseitig auf, eine mögliche Erklärung für das Faktum, daß bei Verwendung des CDI oft keine Geschlechtsunterschiede festgestellt werden konnten.

In den Arbeiten von Stiensmeier (1988) und Nevermann (1990) unterschieden sich Knaben und Mädchen hinsichtlich der von ihnen im Durchschnitt erzielten Scores auch nicht signifikant voneinander. In der Eichstichprobe von Stiensmeier-Pelster, Schürmann & Duda (1989) hingegen wurden signifikant höhere Durchschnittswerte für die Mädchen beobachtet. Die Mittelwertunterschiede waren jedoch trotz statistischer Signifikanz nur sehr gering. Eine Erstellung getrennter Normen für die beiden Geschlechter wurde nicht durchgeführt.

In bezug auf den Effekt des Alters der Kinder stellte Stiensmeier (1988) eine signifikante positive Korrelation von Alter und Depressionsscore fest. Auch bei Stiensmeier-Pelster, Schürmann & Duda (1989) erzielten die Kinder in der 5. und 6. Schulstufe niedrigere Depressionsscores als die Kinder aus den höheren Schulstufen, während Nevermann (1990), die allerdings nur Kinder aus der 5. und 6. Schulstufe untersuchte, keine Alterseffekte beobachten konnte. Wie beim amerikanischen Original wurden auch für die deutsche

Version von Stiensmeier-Pelster, Schürmann & Duda (1989) keine altersspezifischen Normen erstellt.

Zusammenfassend betrachtet kann gesagt werden, daß die psychometrischen Qualitäten der deutschen CDI-Versionen sehr ähnlich jenen des amerikanischen Originals zu sein scheinen. Dies ermöglicht einerseits eine gewisse internationale Vergleichbarkeit der im deutschen Sprachraum erarbeiteten Befunde und diagnostischen Entscheidungen, zum anderen müssen dabei allerdings auch die dem Verfahren innewohnenden spezifischen Schwächen mit in Kauf genommen werden. Die Schwächen des Verfahrens ergeben sich, wie beim amerikanischen Original, hauptsächlich aus der recht unklaren inneren Struktur des Fragebogens.

4.2.2.3. Der Depressionstest für Kinder DTK

Im Zuge der Beschäftigung mit der Thematik wurde vom Autor der vorliegenden Arbeit auch versucht, einen eigenen, genuin deutschsprachigen Fragebogen zur Selbstbeurteilung der aktuellen Befindlichkeit für Kinder im Alter von ca. 9 bis 13 Jahren zu entwickeln. Da die Arbeiten zur Überprüfung der psychometrischen Qualitäten des Verfahrens noch nicht abgeschlossen sind, soll an dieser Stelle nur im Sinne einer Vorankündigung kurz auf den dabei entstandenen Depressionstest für Kinder DTK hingewiesen werden. Erste Ergebnisse wurden von Rossmann (1990) und auch in der Arbeit von Reicher & Rossmann (1990) berichtet. Der Fragebogen selbst liegt derzeit noch nicht in publizierter Form vor, kann aber für Forschungszwecke beim Autor angefordert werden.

Der DTK ist ein aus drei Subskalen bestehender Fragebogentest zur dimensionalen Erfassung und quantitativen Beschreibung der Ausprägung depressiver Befindlichkeit der

Kinder über einen möglichst breiten Bereich. Die faktorenanalytisch orientierte Konstruktion des Fragebogens erfolgte aufgrund der Angaben einer Analysestichprobe von 1450 Kindern aus der dritten bis sechsten Schulstufe. Der DTK besteht aus 55 Fragen, die mit "ja" oder "nein" zu beantworten sind. Die erste Subskala "Dysphorie/Selbstwert" enthält 25 Items, die sich auf die Beeinträchtigung der Stimmung und der Selbstwertschätzung beziehen, die zweite Subskala "Agitiertes Verhalten" besteht aus 16 Items, die nach ausagierenden oder aggressiven Verhaltensweisen fragen und die 14 Items der dritten Subskala "Müdigkeit/autonome Reaktionen" beziehen sich auf Energieverlust und andere psychosomatische Aspekte depressiver Verstimmungszustände. Die Bearbeitung des DTK nimmt erfahrungsgemäß je nach Alter der Kinder etwa 10 bis 15 Minuten in Anspruch.

Die Normierung des Tests erfolgte aufgrund der Angaben einer Normstichprobe von 2507 Schülerinnen und Schülern aus der dritten bis sechsten Schulstufe. Auf eine getrennte Erstellung von alters- oder geschlechtsspezifischen Normen wurde verzichtet, um nicht die inhaltlich relevanten Lokationsunterschiede zwischen verschiedenen Subgruppen der Referenzpopulation künstlich zu eliminieren. Die in der Analysestichprobe und in der Normstichprobe beobachteten Alters- und Geschlechtseffekte sind zwar nicht besonders stark ausgeprägt, jedoch kann damit gerechnet werden, daß die Mädchen im Schnitt höhere Werte in der ersten und dritten, die Knaben dagegen im Mittel die höheren Werte in der zweiten Subskala erzielen. Außerdem wurden in den ersten beiden Subskalen von den ältesten Kindern (sechste Schulstufe) im Durchschnitt die höchsten Werte erzielt.

Die interne Konsistenz der Skalen in der Normstichprobe wurde mittels Cronbachs Alpha mit .86 für die erste Subskala "Dysphorie/Selbstwert", mit .78 für die zweite Subskala

"Agitiertes Verhalten" und mit .75 für die dritte Subskala "Müdigkeit/autonome Reaktionen" geschätzt. Die drei Skalen korrelieren positiv miteinander ($r_{12}=.40$, $r_{13}=.54$, $r_{23}=.39$). Die faktorielle Struktur des Verfahrens konnte in der Normstichprobe einwandfrei repliziert werden. In bezug auf die Überprüfung der konvergenten und divergenten Validität zeigten sich im allgemeinen die erwarteten guten Übereinstimmungswerte mit konstruktnahen Skalen, ebenso wie die theoretisch zu erwartenden niedrigeren Korrelationen mit konstruktferneren Maßen. An einer Außenvalidierung an kinder- und jugendpsychiatrischen Patientengruppen und an der Bestimmung von Stabilitätskoeffizienten wird derzeit noch gearbeitet.

Zusammenfassend kann bislang gesagt werden, daß mit dem DTK, geschlossen aus den bislang dazu vorliegenden Ergebnissen, eines der wenigen Verfahren mit einer klaren und, vor allem, mit einer anhand empirischer Daten begründbaren inneren Struktur vorliegen dürfte. Die Hauptanwendungsgebiete des Tests sind, neben der Verwendung als Instrument in der empirisch-kinderpsychologischen und kinderpsychiatrischen Forschung, Fragestellungen im Bereich der psychometrischen kinderpsychologischen Testdiagnostik. Inwieweit sich der Einsatz des Verfahrens auch für die praktische Arbeit im Rahmen der Kinderpsychiatrie als fruchtbringend erweisen wird, bleibt abzuwarten.

5. Zusammenfassende Betrachtungen und Ausblick auf künftige Entwicklungen

Zum Abschluß der vorliegenden Arbeit sei versucht, einige wesentliche aus dem erarbeiteten und dargebotenen Überblick gewonnene Erkenntnisse noch einmal zusammenzufassen, daraus einige Empfehlungen für die klinische Praxis abzuleiten und, soweit dies überhaupt möglich ist, auch einige Aspekte der zu erwartenden künftigen Entwicklung zu extrapolieren.

Grundsätzlich muß festgehalten werden, daß die Problematik depressiven Verhaltens und Erlebens bei Kindern, je nach dem professionellen Hintergrund der Experten, aus zwei unterschiedlichen Blickwinkeln betrachtet wird. Die aus der psychiatrischen Tradition stammende Betrachtungsweise orientiert sich an der Definition von affektiven Störungen, die sowohl vom normalen Erleben wie auch von anderen psychischen Störungen möglichst gut abgrenzbar sein sollen. Dagegen orientiert sich die aus der psychologischen Tradition stammende Betrachtungsweise an einem dimensionalen Modell, also an der Annahme, daß depressive Befindlichkeit vom Normalbereich bis in den klar pathologischen Bereich auf einem gedachten Kontinuum primär quantitativ variiere und daß die jeweilige Position einer Person auf diesem Kontinuum mit Hilfe entsprechender Methoden bestimmbar sei.

Diese unterschiedlichen Denktraditionen bleiben nicht ohne Einfluß auf die in der Depressionsdiagnostik im Kindesalter verwendeten Verfahren. Die aus der psychiatrischen Tradition stammenden diagnostischen Methoden konzentrieren sich hauptsächlich darauf, das Vorliegen einer depressiven Störung anhand möglichst präzise definierter Kriterien mit möglichst großer Übereinstimmung möglichst valide zu diagnostizieren. Bei den dazu verwendeten diagnostischen Methoden handelt es sich hauptsächlich um Interviewtechniken, die mehr oder weniger stark strukturiert sind. Die aus der psychologischen Tradition stammenden diagnostischen Instrumente, hauptsächlich nach klassisch-testtheoretischem Muster erarbeitete Fragebogenverfahren, bilden dagegen die jeweilige Position eines Kindes auf einem gedachten Kontinuum der Depressivität relativ zu einer Bezugsgruppe ab.

Die Definition der im Rahmen der Psychodiagnostik depressiver Zustandsbilder bei Kindern zu erfassenden Konstrukte und Parameter scheint in beiden genannten Ansätzen noch keineswegs befriedigend gelöst. Wie gezeigt werden konnte, beziehen die Definitionen depressiver Störungen im Rahmen des psychiatrischen Denkmodells ihre Verbindlichkeit im wesentlichen aus dem Konsens führender Experten bei der Erstellung von Klassifikationssystemen und Diagnosekriterien. Sie unterlagen in der Vergangenheit zahlreichen Veränderungen und es sind auch in Zukunft noch einige Revisionen im Sinne einer Anpassung an inzwischen erarbeitete empirische Forschungsergebnisse zu erwarten. Obwohl derzeit speziell im angloamerikanischen Raum eine relativ breite Akzeptanz der Definitionen nach DSM-III und DSM-III-R festzustellen ist, kann besonders im europäischen Raum mit einiger Spannung darauf gewartet werden, welche neuen Aspekte die schon seit geraumer Zeit angekündigte 10. Revision der ICD beinhalten wird und ob sich diese gegen das im Bereich der Störungen des Kindes- und Jugendalters relativ schwach abgesicherte DSM durchsetzen wird.

Zur Definition der zu erfassenden Dimension "Depressivität" im Rahmen der psychologisch-testdiagnostischen Ansätze kann derzeit überhaupt noch keine verbindliche Vorgabe festgestellt werden, obwohl dazu immerhin schon einige faktorenanalytische Ergebnisse vorliegen, die aus der *posthoc* Analyse der in den Tests verwendeten Items entstanden sind. Die Ergebnisse dieser Arbeiten sind jedoch noch weitgehend uneinheitlich. Die Erforschung der Struktur der depressiven Symptomatik und damit auch der inneren Struktur der Fragebögen, steckt noch in den Kinderschuhen, wenn man zum Vergleich beispielsweise die relativ klaren internen Strukturen von Intelligenztests heranzieht. Trotzdem ermöglichen einige der genannten Fragebogenverfahren neben der Bestimmung eines Depressions-Gesamtscores auch noch die Ermittlung von Subscores. Die angenommene faktorielle Struktur der Tests hielt aber einer empirischen Überprüfung oft nicht stand und die Bildung der entsprechenden Subscores erweist sich damit bei den meisten Tests angesichts der vorliegenden empirischen Daten als nicht gerechtfertigt. Im übrigen sind die zur Verfügung stehenden Fragebogentests hinsichtlich ihrer formalen Charakteristika ausgesprochen heterogen. Diese Feststellung bezieht sich sowohl auf die Auswahl und Formulierung der Items wie auch auf die verwendeten Vorgabemodi und Antwortformate.

Bei beiden Gruppen von diagnostischen Verfahren, bei den klinischen Interviews ebenso wie bei den Fragebogentests, werden als Informanten neben den betroffenen Kindern auch die Eltern und andere wichtige Bezugspersonen herangezogen. Allerdings steckt auch die vergleichende Betrachtung der aus den verschiedenen Quellen gewonnenen Informationen noch sehr in den Anfängen. Als Ergebnis der diesbezüglich durchgeführten Forschungsarbeiten muß jedenfalls festgehalten werden, daß die von Eltern und Kindern gewonnenen Informationen sich oft beträchtlich voneinander unterscheiden. In bezug auf die Einschätzung der Schwere der Symptomatik konnte beispielsweise in mehreren vergleichenden Arbeiten beobachtet werden, daß die Eltern dazu neigen, die Ausprägung der depressiven Befindlichkeit ihrer Kinder zu unterschätzen. Jedoch sind klare Empfehlungen für den Diagnostiker über die sinnvollste Kombination der von Eltern und Kindern gewonnenen Informationen beim derzeitigen Stand der Dinge noch lange nicht in Sicht. Entsprechende Entscheidungen müssen daher noch immer weitgehend der Intuition des jeweiligen Diagnostikers überlassen bleiben. Die Verbindung zwischen den aus verschiedenen Denkmodellen stammenden diagnostischen Ansätzen wird von beiden Seiten mehr oder weniger explizit gesucht. Während, wie erwähnt, das Hauptziel der klinischen Interviewverfahren die Gewinnung kategorialer psychiatrischen Diagnosen ist, können bei fast allen dieser Verfahren auch dimensionale Indices abgeleitet werden. Umgekehrt wird bei vielen psychologischen Fragebogentests versucht, Cutoff-Werte zu definieren und dann die Sensitivität und Spezifität der Verfahren bei der Unterscheidung zwischen klinisch auffälligen und unauffälligen Kindern zu ermitteln. Trotz dieser Bemühungen muß aber festgehalten werden, daß die vorhandenen Fragebogenverfahren beim derzeitigen Stand der Dinge alleine sicher nicht die Erstellung einer psychiatrischen Diagnose rechtfertigen können, da wesentliche in operational definierten diagnostischen Kriterien enthaltene Parameter in bezug auf Dauer und Stärke der Ausprägung der depressiven Symptomatik damit nicht hinreichend präzise erfaßt werden. Im übrigen sind Selbstbeurteilungsskalen auch erst bei älteren Kindern (üblicherweise ab der dritten Schulstufe) einsetzbar, da sie eine größere Anforderungen an die kognitiven Fertigkeiten der Kinder stellen als die Interviewverfahren. Die Stärke der Fragebogenverfahren liegt dagegen in der von der Person eines klinischen Beurteilers weitgehend unabhängigen Quantifizierung des aktuellen Befindens eines Kindes relativ zu einer Bezugsgruppe oder auch relativ zu einem anderen Meßzeitpunkt. Diese Verfahren sind damit besonders ökonomisch anwendbar im Rahmen der psychometrischen Testdiagnostik, zu Screening-Zwecken und zu Zwecken der Therapiekontrolle.

Ein besonderes Problem ergibt sich für den deutschsprachigen Diagnostiker aus der Tatsache, daß für die meisten international gängigen Verfahren keine den üblichen Kriterien entsprechenden deutschsprachigen Bearbeitungen vorliegen. Dies schränkt die Auswahl der zur Verfügung stehenden Instrumente auf einige wenige ein. Als publizierte diagnostische Verfahren stehen im deutschsprachigen Raum derzeit überhaupt nur das Mannheimer Elterninterview MEI (Esser, Blanz, Geisel & Laucht 1989) und die deutsche Bearbeitung des CDI (Stiensmeier-Pelster, Schürmann & Duda 1989) zur Verfügung. Ein genuin deutschsprachiger faktorenalytisch konzipierter Fragebogentest, der "Depressionstest für Kinder DTK", wird derzeit vom Autor der vorliegenden Arbeit entwickelt und wird voraussichtlich in absehbarer Zeit erscheinen.

Für die nähere Zukunft können nach unserer Einschätzung im Zusammenhang mit der Forschung zur Psychodiagnostik depressiver Zustandsbilder in der Kindheit folgende Entwicklungstrends erwartet werden:

Im Bereich der Psychiatrie, speziell der Kinder- und Jugendpsychiatrie, kann schon jetzt gesehen werden,

+) daß sich die Forschungstätigkeit insgesamt in immer stärker werdendem Ausmaß an strengen empirisch-methodischen Kriterien orientiert,

+) daß in den Bereich der ursprünglich ausschließlich kategorialen psychiatrischen Diagnostik langsam auch zusätzlich dimensionale Konzepte vordringen,

+) daß eine ständige Anpassung der diagnostischen Konzepte und Kategorien an empirische Forschungsergebnisse stattfindet,

+) was insgesamt für die Zukunft fast zwangsläufig eine stärker werdende Konvergenz zwischen psychiatrischen und empirisch-psychologischen Ansätzen erwarten läßt.

Die bei der Bearbeitung der entsprechenden diagnostischen Fragestellungen im Rahmen der klinischen Kinderpsychologie zu erwartenden Tendenzen beinhalten ebenfalls starke methodische Komponenten, nämlich
+) verstärkte Bemühungen um die empirische Fundierung der testpsychologisch erfaßten Konstrukte,
+) besonders die Auseinandersetzung mit den oft ungeklärten Fragen nach der Dimensionalität der Messung,
+) in diesem Zusammenhang Bemühungen um die Entwicklung multidimensionaler Erfassungsmethoden
+) und die systematische Verwertung der Ergebnisse von Multitrait-Multimethoden-Multisource-Studien.

Zu den obigen Punkten seien abschließend in derselben Reihenfolge noch einige Anmerkungen gestattet. In bezug auf die Kinder- und Jugendpsychiatrie war während des letzten Jahrzehnts nicht nur die Konsolidierung des Faches an sich zu beobachten, sondern darüberhinaus auch ein deutlicher Aufschwung der empirisch-methodischen Orientierung festzustellen. Die kompetente Anwendung empirisch-wissenschaftlicher Forschungsmethoden und inferenzstatistischer Verfahren bei der Verarbeitung quantitativer Daten ist jedenfalls keineswegs mehr die alleinige Domäne der in diesem Bereich arbeitenden Psychologen.

In bezug auf die ursprünglich fast ausschließlich kategorial orientierte kinder- und jugendpsychiatrische Diagnostik erfolgt jetzt schon eine recht breite Diskussion über die Möglichkeiten der zusätzlichen Einbindung dimensionaler Konzepte (siehe z.B. Achenbach 1988, Rapoport 1989). In der empirischen Forschung im Rahmen der Psychiatrie werden dimensionale Indices ohnehin schon seit langem parallel zu kategorialen Diagnosen verwendet. Wie bereits erwähnt, führen die meisten psychiatrischen Ratingskalen und strukturierten klinischen Interviews auch zu quantitativen Daten, die dann mit Hilfe der üblichen statistischen Verfahren weiterverarbeitet werden können.

Das langsame Vordringen quantitativer Ansätze und Vorstellungen kann bei genauerem Hinsehen sogar im Rahmen der offiziellen Klassifikationssysteme festgestellt werden. Dies läßt sich anhand einiger Unterschiede zwischen DSM-III und DSM-III-R illustrieren, beispielsweise an der vorgenommenen Änderung der Bedeutung der fünften Ziffer zur Kodierung einer Major Depression. Diese fünfte Stelle der Kodierung war bei DSM-III ursprünglich lediglich dazu verwendet worden, das Vorhandensein von psychotischen Zeichen, von "Melancholie" (der Europäer würde dies wahrscheinlich am ehesten als "Endogenität" der Affektiven Störung bezeichnen) oder von vollständiger Remission der Symptome einer Major Depression zu kodieren (siehe Koehler & Saß 1984, S.225-226). An der entsprechenden Stelle von DSM-III-R findet man hingegen klare Anweisungen zur Kodierung des Schweregrads der Störung anhand der Anzahl der vorhandenen Symptome und anhand des Ausmaßes der beruflichen und sozialen Beeinträchtigung der Betroffenen (siehe Wittchen, Saß, Zaudig & Koehler 1989, S.277-278). Ähnliche Veränderungen lassen sich auch in mehreren anderen kinder- und jugendpsychiatrisch relevanten Bereichen von DSM-III-R feststellen, etwa bei den Expansiven Verhaltensstörungen oder bei den Störungen des Sozialverhaltens. Von diesem Punkt an ist es bei einigen Störungsbildern nur noch ein sehr kleiner Schritt zu einer Ausweitung des erfaßten Kontinuums in den subklinischen Bereich und zu vollständig dimensionalen Ansätzen.

Ganz sicher haben beide Ansätze, der kategoriale ebenso wie der dimensionale, ihre speziellen Stärken und Schwächen. Es wird allerdings noch zu klären sein, in welchen Bereichen und zu welchen Zwecken dimensionale Messungen besonders gewinnbringend einzusetzen sind und in welchen Bereichen die kategoriale Beschreibung spezifischer Merkmalskonstellationen die besten diagnostischen Möglichkeiten eröffnet. Das Verständnis der Beziehungen zwischen psychiatrischen Diagnosen und psychometrischen Messungen ist jedoch eine wesentliche Voraussetzung für eine effiziente Nutzung der Stärken beider Ansätze und für die Übersetzung der zur Verfügung stehenden Information von einem Paradigma ins andere. Professionelle im psychiatrischen wie auch im klinisch-psychologischen Bereich, seien sie nun in der Ausbildung, der Forschung oder in der klinischen Praxis tätig, werden sich in Zukunft in größerem Ausmaß als bisher um ein solides Verständnis beider Ansätze bemühen müssen.

Auch die Definition der zu erfassenden Störungsbilder selbst wird von den Ergebnissen empirischer Studien nicht unbeeinflußt bleiben. Es ist zu erwarten, daß neben den Ergebnissen biologischer und genetischer Studien unter anderem auch die erwähnten Bemühungen um eine empirische Ableitung psychopathologischer Syndrome auf die diagnostischen Kategorien der Klassifikationssysteme rückwirken werden. Wegen der vergleichsweise weniger starken historischen Fixierung von Lehrmeinungen dürfte der Bereich der Kinder- und Jugendpsychiatrie für die diesbezüglich zu erwartenden Diskussionen, Revisionen und Innovationen offener sein als der Bereich der Erwachsenenpsychiatrie.

In bezug auf die aus der Tradition der klinischen Kinderpsychologie stammenden Tests sind Bemühungen um eine

Verbesserung und Verfeinerung der Messung auf mehreren Ebenen zu erwarten, insbesondere im Sinne eine klareren empirischen Fundierung der erfaßten Konstrukte. Dies bedeutet konkret, daß die Tage der auf rein rationaler Basis erstellten Fragebögen gezählt sein dürften, und zwar egal ob diese nun nur zu einem Gesamtscore oder zu mehreren Subscores führen.

Die nächste Generation der zur Depressionsmessung bei Kindern verwendeten Fragebogentests wird mit großer Wahrscheinlichkeit aus mehrfaktoriellen Instrumenten bestehen. Denn einerseits ist das zu erfassende Konstrukt "Depression" an sich schon zu heterogen, um auf einer einzigen Skala abbildbar zu sein und andererseits machen auch die empirischen Verhältnisse, die im Rahmen der kategorialen Diagnostik als "Komorbidität" imponieren, wenigstens in bestimmten Teilbereichen zu ihrer adäquaten Abbildung durch dimensional messende psychologische Tests einen mehrfaktoriellen Ansatz erforderlich.

Schließlich wird auch das systematische Studium der Ähnlichkeiten und Unterschiede zwischen den mit verschiedenen Methoden von verschiedenen Informanten zu erhaltenden Informationen konsequent fortgesetzt werden. Hinsichtlich der dabei verwendeten Methodik läßt sich schon jetzt eine Renaissance von Multitrait-Multimethoden-Studien beobachten, die meist noch zusätzlich um den Multisource-Aspekt erweitert wurden. (vgl. Saylor, Finch, Baskin, Furey & Kelly 1984, Reynolds, Anderson & Bartell 1985, Shoemaker, Erickson & Finch 1986, Matson & Nieminen 1987, Wolfe, Finch, Saylor, Blount, Pallmeyer & Carek 1987, Nevermann 1990) Es ist zu hoffen, daß die Ergebnisse solcher Arbeiten schließlich zu differenzierteren Empfehlungen für die Standardvorgangsweise bei der diagnostische Datenerhebung führen können, als dies momentan der Fall ist.

Im Zuge der skizzierten Entwicklung werden vermutlich die gemeinsamen Wurzeln von Psychiatrie und Psychologie in der Empirie und Methodik deutlicher als bisher in den Vordergrund treten. Die Annäherung der verwendeten methodischen Vorgangsweisen muß aber fast zwangsläufig auch zu einer stärkeren Annäherung von inhaltlichen Konzepten der Kinder- und Jugendpsychiatrie und der klinischen Kinderpsychologie führen und wird sich hoffentlich auch in einer besseren Vergleichbarkeit und deutlicheren Konvergenz der Forschungsergebnisse der beiden Disziplinen niederschlagen.

Zu betonen bleibt noch, daß die Entwicklung von Meßinstrumenten immer Hand in Hand mit der Weiterentwicklung des substanzwissenschaftlichen Erkenntnisstandes der beteiligten Fächer fortschreiten sollte, und zwar so, daß methodischer Fortschritt und inhaltlich-theoretischer Erkenntnisgewinn einander in jeder Phase beeinflussen und fördern können.

Literatur

Achenbach, T. M. (1978) The Child Behavior Profile: I. Boys aged 6-11. Journal of Consulting and Clinical Psychology 46: 478-488.

Achenbach, T. M. (1980) DSM-III in light of empirical research on the classification of child psychopathology. Journal of the American Academy of Child Psychiatry 19: 395-412.

Achenbach, T. M. (1985) Assessment and taxonomy of child and adolescent psychopathology. Beverly Hills: Sage.

Achenbach, T. M. (1988) Integrating assessment and taxonomy. In: Rutter, M., Tuma, A. H., Lann, I. S. (Eds.) Assessment and diagnosis in child psychopathology, pp. 300-343, London: David Fulton Publishers.

Achenbach, T. M., Brown, J. S. (1989) Bibliography of published studies using the Child Behavior Checklist and related materials. Unpublished bibliography, Burlington, VT: University of Vermont Department of Psychiatry.

Achenbach, T. M., Conners, C. K., Quay, H. C., Verhulst, F. C., Howell, C. T. (1989) Replication of empirically derived syndromes as a basis for taxonomy of child/adolescent psychopathology. Journal of Abnormal Child Psychology 17: 299-336.

Achenbach, T. M., Edelbrock, C. S. (1979) The Child Behavior Profile: II. Boys aged 12-16 and girls aged 6-11 and 12-16. Journal of Consulting and Clinical Psychology 47: 223-233.

Achenbach, T. M., McConaughy, S. H. (1987) Empirically based assessment of child and adolescent psychopathology: Practical applications. Beverly Hills: Sage.

Allen, D. M., Tarnowski, K. J. (1989) Depressive characteristics of physically abused children. Journal of Abnormal Child Psychology 17: 1-11.

Ambrosini, P. J., Metz, C., Prabucki, K., Jar-Chi, L. (1989) Videotape reliability of the third revised edition of the K-SADS. Journal of the American Academy of Child and Adolescent Psychiatry 28: 723-728.

American Psychiatric Association (1980) Diagnostic and statistical manual of mental disorders. Third edition (DSM-III). Washington DC: Author.

American Psychiatric Association (1987) Diagnostic and statistical manual of mental disorders. Third edition revised (DSM-III-R). Washington DC: Author.

Annell, A. (1969) Manic-depressive illness in children and the effect of treatment with lithium carbonate. Acta Paedopsychiatrica 36: 292-301.

Annell, A. (Ed.) (1972) Depressive states in childhood and adolescence. New York: Halsted.

Anthony, E. J. (1980^2) Depression and children. In: Burrows, G. D. (Ed.) Handbook of studies on depression, pp. 105-120, Amsterdam: Excerpta Medica.

Apter, A., Orvaschel, H., Laseg, M., Moses, T., Tyano, S. (1989) Psychometric properties of the K-SADS-P in an Israeli adolescent inpatient population. Journal of the American Academy of Child and Adolescent Psychiatry 28: 61-65.

Apter, A., Tyano, S. (1984) Childhood depression: A review. Israel Journal of Psychiatry and Related Sciences 21: 117-126.

Asarnow, J. R. (1988) Peer status and social competence in child psychiatric inpatients: A comparison of children with depressive, externalizing, and concurrent depressive and externalizing disorders. Journal of Abnormal Child Psychology 16: 151-162.

Asarnow, J. R., Bates, S. (1988) Depression in child psychiatric inpatients: Cognitive and attributional patterns. Journal of Abnormal Child Psychology 16: 601-615.

Asarnow, J. R., Carlson, G. A. (1985) Depression Self-Rating Scale: Utility with child psychiatric inpatients. Journal of Consulting and Clinical Psychology 53: 491-499.

Barrera, M., Garrison-Jones, C. V. (1988) Properties of the Beck Depression Inventory as a screening instrument for adolescent depression. Journal of Abnormal Child Psychology 16: 263-273.

Bath, H. I., Middleton, M. R. (1985) The Children's Depression Scale: Psychometric properties and factor structure. Australian Journal of Psychology 37: 81-88.

Battle, J. (1987) Test-retest reliability of Battle's Depression Inventory for Children. Psychological Reports 61: 71-74.

Beardslee, W. R., Klerman, G. L., Keller, M. B., Lavori, P. W., Podorefsky, D. L. (1985) But are they cases? Validity of DSM-III major depression in children identified in a family study. American Journal of Psychiatry 142: 687-691.

Beck, A. T., Ward, C. H., Mendelson, M., Mock, J., Erbaugh, J. (1961) An inventory for measuring depression. Archives of General Psychiatry 4: 561-571.

Beck, D. C., Carlson, G. A., Russell, A. T., Brownfield, F. E. (1987) Use of depression rating instruments in developmentally and educationally delayed adolescents. Journal of the American Academy of Child and Adolescent Psychiatry 26: 97-100.

Benfield, C. Y., Palmer, D. J., Pfefferbaum, B., Stowe, M. L. (1988) A comparison of depressed and nondepressed disturbed children on measures of attributional style, hopelessness, life stress, and temperament. Journal of Abnormal Child Psychology 16: 397-410.

Birleson, P. (1981) The validity of depressive disorder in childhood and the development of a self-rating scale: A research report. Journal of Child Psychology and Psychiatry and Allied Disciplines 22: 73-88.

Birleson, P., Hudson, I., Buchanan, D. G., Wolff, S. (1987) Clinical evaluation of a self-rating scale for depressive disorder in childhood (Depression Self-Rating Scale). Journal of Child Psychology and Psychiatry and Allied Disciplines 28: 43-60.

Blechman, E. A., McEnroe, M. J., Carella, E. T., Audette, D. P. (1986) Childhood competence and depression. Journal of Abnormal Psychology 95: 223-227.

Blöschl, L. (1983) Frühkindliche Deprivation und depressive Fehlentwicklung in verhaltenspsychologischer Sicht. In: Nissen, G. (Hrsg.) Psychiatrie des Kleinkind- und Vorschulalters, pp. 139-147, Bern: Huber.

Blöschl, L. (1986) Depression im Kindes- und Jugendalter: Neuere Ergebnisse der psychologischen Forschung. Vortrag an der Kinder- und Jugendpsychiatrischen Abteilung, 23. Juni, LKH Schleswig, BRD.

Blöschl, L. (1987) Psychological research on depression in Austria, the Federal Republic of Germany and Switzerland: Trends, findings, perspectives. The German Journal of Psychology 11: 273-285.

Blöschl, L. (1988) Verhaltenstherapeutische Ansätze zur Depression im Kindes- und Jugendalter. In: Friese, H.-J., Trott, G.-E. (Hrsg.) Depression in Kindheit und Jugend, pp. 206-214, Bern: Huber.

Blöschl, L., Ederer, E. (1986) Zusammenhänge zwischen Depressivität und selbstberichteten Aktivitäts- und Kontaktdefiziten in der frühen Adoleszenz. Zeitschrift für Klinische Psychologie, Psychopathologie und Psychotherapie 34: 32-40.

Blumberg, S. H., Izard, C. E. (1986) Discriminating patterns of emotions in 10- and 11-year-old children's anxiety and depression. Journal of Personality and Social Psychology 51: 852-857.

Bowlby, J. (1960) Grief and mourning in infancy and early childhood. Psychoanalytic Study of the Child 15: 9-52.

Bowlby, J. (1961) Childhood mourning and its implications for psychiatry. American Journal of Psychiatry 118: 481-498.

Brumback, R. A., Weinberg, W. A. (1977) Childhood depression: An explanation of a behavior disorder in children. Perceptual and Motor Skills 44: 911-916.

Burbach, D. J., Farha, J. G., Thorpe, J. S. (1986) Assessing depression in community samples of children using self-report inventories: Ethical considerations. Journal of Abnormal Child Psychology 14: 579-589.

Campbell, D. T., Fiske, D. W. (1959) Convergent and discriminant validation by the multitrait-multimethod matrix. Psychological Bulletin 56: 81-105.

Cantwell, D. P. (1983) Depression in childhood: Clinical picture and diagnostic criteria. In: Cantwell, D. P., Carlson, G. A. (Eds.) Affective disorders in childhood and adolescence. An update, pp. 3-18, New York: Spectrum.

Cantwell, D. P. (1985) Depressive disorders in children: Validation of clinical syndromes. Psychiatric Clinics of North America, 8: 779-792.

Cantwell, D. P., Baker, L. (1988) Issues in the classification of child and adolescent psychopathology. Journal of the American Academy of Child and Adolescent Psychiatry 27: 521-533.

Cantwell, D. P., Carlson, G. A. (1979) Problems and prospects in the study of childhood depression. Journal of Nervous and Mental Disease 167: 522-529.

Cantwell, D. P., Carlson, G. A. (Eds.) (1983) Affective disorders in childhood and adolescence. An update. New York: Spectrum.

Cardoze Comanto, D. (1985) Observación y registro de la depresión en el niño. Revista Latinoamericana de Psicología 17: 227-246.

Carey, M. P., Faulstich, M. E., Gresham, F. M., Ruggiero, L., Enyart, P. (1987) Children's Depression Inventory: Construct and discriminant validity across clinical and nonreferred (control) populations. Journal of Consulting and Clinical Psychology 55: 755-761.

Carey, M. P., Kelley, M. L., Buss, R. R., Scott, W. O. N. (1986) Relationship of activity to depression in adolescents: Development of the Adolescent Activities Checklist. Journal of Consulting and Clinical Psychology 54: 320-322.

Carlson, G. A., Cantwell, D. P. (1979) A survey of depressive symptoms in a child and adolescent psychiatric population: Interview data. Journal of the American Academy of Child Psychiatry 18: 587-599.

Carlson, G. A., Cantwell, D. P. (1980) Unmasking masked depression in children and adolescents. American Journal of Psychiatry 137:445-449.

Carlson, G. A., Cantwell, D. P. (1982) Diagnosis of childhood depression: A comparison of Weinberg and DSM-III criteria. Journal of the American Academy of Child Psychiatry 21: 247-250.

Cattell, R. B. (1988) The meaning and strategic use of factor analysis. In: Nesselroade, J. R., Cattell, R. B. (Eds.) Handbook of multivariate experimental psychology. Second edition, pp. 131-203, New York: Plenum Press.

Chambers, W. J., Puig-Antich, J., Hirsch, M., Paez, P., Ambrosini, P. J., Tabrizi, M. A., Davies, M. (1985) The assessment of affective disorders in children and adolescents by semistructured interview: Test-retest reliability of the Schedule of Affective Disorders and Schizophrenia for School-Age Children, Present Episode Version. Archives of General Psychiatry 42: 696-702.

Cicchetti, D. (1984) The emergence of developmental psychopathology. Child Development 55: 1-7.

Cicchetti, D., Schneider-Rosen, K. (Eds.) (1984) Childhood depression. San Francisco: Jossey-Bass.

Clarizio, H. F. (1984) Childhood depression: Diagnostic considerations. Psychology in the Schools 21: 181-197.

Costello, A. J., Edelbrock, C., Kalas, R., Kessler, M. D., Klaric, S. H. (1982) The NIMH Diagnostic Interview Schedule for Children (DISC). Unpublished interview schedule. Department of Psychiatry, University of Pittsburgh.

Costello, E. J., Angold, A. (1988) Scales to assess child and adolescent depression: Checklists, screens, and nets. Journal of the American Academy of Child and Adolescent Psychiatry 27: 726-737.

Costello, E. J., Edelbrock, C. S., Costello, A. J. (1985) Validity of the NIMH Diagnostic Interview Schedule for Children. Journal of Abnormal Child Psychology 13: 579-595.

Costello, C. G. (1980) Childhood depression: Three basic but questionable assumptions in the Lefkowitz and Burton critique. Psychological Bulletin 87: 185-190.

Cronbach, L. J. (1951) Coefficient Alpha and the internal structure of tests. Psychometrika 16: 297-334.

Cytryn, L., McKnew, D. H. (1972) Proposed classification of childhood depression. American Journal of Psychiatry 129: 149-155.

Cytryn, L., McKnew, D. H. (1974) Factors influencing the changing clinical expression of the depressive process in children. American Journal of Psychiatry 131: 879-881.

Cytryn, L., McKnew, D. H., Bunney, W. E. (1980) Diagnosis of depression in children: A reassessment. American Journal of Psychiatry 137: 22-25.

Digdon, N., Gotlib, I. H. (1985) Developmental considerations in the study of childhood depression. Developmental Review 5: 162-199.

Doménech, E., Monreal, P., Ezpeleta, L. (1985) Escala de depresión infantil para maestros ESDM. Unpublished manuscript, Barcelona: Universidad Autónoma de Barcelona.

Dweck, C. S., Gittelman-Klein, R., McKinney, W. T., Watson, J. S. (1977) Summary of the subcommittee on clinical criteria for the diagnosis of childhood depression. In: Schulterbrandt, J.G., Raskin, A. (Eds.): Depression in childhood: Diagnosis, treatment and conceptual models, pp. 153-154, New York: Raven Press.

Earls, F. (1982) Application of DSM-III in an epidemiological study of preschool children. American Journal of Psychiatry 139: 242-243.

Eddy, B. A., Lubin, B. (1989) The Children's Depression Adjective Check Lists (C-DACL) with emotionally disturbed adolescent boys. Journal of Abnormal Child Psychology 17: 83-88.

Edelbrock, C., Costello, A. J. (1988a) Convergence between statistically derived behavior problem syndromes and child psychiatric diagnoses. Journal of Abnormal Child Psychology 16: 219-231.

Edelbrock, C., Costello, A. J. (1988b) Structured psychiatric interviews for children. In: Rutter, M., Tuma, A. H., Lann, I. S. (Eds.) Assessment and diagnosis in child psychopathology, pp. 87-112, London: David Fulton Publishers.

Edelbrock, C., Costello, A. J., Dulcan, M. K., Conover, N. C., Kalas, R. (1986) Parent-child agreement on child psychiatric symptoms assessed via structured interview. Journal of Child Psychology and Psychiatry 27: 181-190.

Ederer, E. (1988a) Dysthymia, self-esteem, and psychosocial dependency in ten-year-old boys and girls: An empirical contribution to clinical personality research. Studia Psychologica 30: 227-235.

Ederer, E. (1988b) Personality and network correlates of depression in children: Findings, problems, perspectives. Paper presented at the 4th European Conference on Personality, June 20-23, Stockholm, Sweden.

Ederer, E. (1989a) Friendship relations and social-environmental activities in male and female early adolescents. Psychologische Beiträge 31: (im Druck).

Ederer, E. (1989b) Peer relations and depressed mood in children and early adolescents: A critical review of recent research. Paper presented at the 19th Annual Congress of the European Association of Behaviour Therapy, Sept. 20-24, Vienna, Austria.

Egger, R. (1989) Freundeskontakte, Depressivität und Selbstkonzept im Kindesalter: Eine empirische Untersuchung an zehnjährigen Knaben und Mädchen. Dissertation an der Naturwissenschaftlichen Fakultät der Karl-Franzens-Universität Graz.

Eggers, C. (1983) Depression im Kindesalter. Nervenheilkunde 2: 176-182.

Eggers, C. (1988) Die kindliche Depression. Zeitschrift für Kinder- und Jugendpsychiatrie 16: 196-202.

Endicott, J., Spitzer, R. L. (1978) A diagnostic interview: The Schedule for Affective Disorders and Schizophrenia. Archives of General Psychiatry 35: 837-844.

Esser, G., Blanz, B., Geisel, B., Laucht, M. (1989) Mannheimer Elterninterview MEI. Weinheim: Beltz.

Ezpeleta, L., Polaino, A., Doménech, E., Doménech, J. M. (1990) Peer Nomination Inventory of Depression: Characteristics in a Spanish sample. Journal of Abnormal Child Psychology 18: 373-391.

Faulstich, M. E., Carey, M. P., Ruggiero, L., Enyart, P., Gresham, F. (1986) Assessment of depression in childhood and adolescence: An evaluation of the Center for Epidemiological Studies Depression Scale for Children (CES-DC). American Journal of Psychiatry 143: 1024-1027.

Faust, J., Baum, C. G., Forehand, R. (1985) An examination of the association between social relationships and depression in early adolescence. Journal of Applied Developmental Psychology 6: 291-297.

Feighner, J. P., Robins, E., Guze, S. B., Woodruff, R. A., Winokur, G., Munoz, R. (1972) Diagnostic criteria for use in psychiatric research. Archives of General Psychiatry 26: 57-63.

Feinstein, C. B., Blouin, A. G., Egan, J., Conners, C. K. (1984) Depressive symptomatology in a child psychiatric outpatient population: Correlations with diagnosis. Comprehensive Psychiatry 25: 379-391.

Felder, W., Gibbons, F. (1983) Depression im Kindes- und Jugendlichenalter. Therapeutische Umschau 40: 769-773.

Ferguson, H. B., Bawden, H. N. (1988) Psychobiological measures. In: Rutter, M., Tuma, A. H., Lann, I. S. (Eds.) Assessment and diagnosis in child psychopathology, pp. 232-263, London: David Fulton Publishers.

Finch, A. J., Saylor, C. F., Edwards, G. L. (1985) Children's Depression Inventory: Sex and grade norms for normal children. Journal of Consulting and Clinical Psychology 53: 424-425

Finch, A. J., Saylor, C. F., Edwards, G. L., McIntosh, J. A. (1987) Children's Depression Inventory: Reliability over repeated administrations. Journal of Clinical Child Psychology 16: 339-341.

Fincham, F. D., Diener, C. I., Hokoda, A. (1987) Attributional style and learned helplessness: Relationship to the use of causal schemata and depressive symptoms in children. British Journal of Social Psychology 26: 1-7.

Firth, M. A., Chaplin, L. (1987) The use of the Birleson Depression Scale with a non-clinical sample of boys. Journal of Child Psychology and Psychiatry and Allied Disciplines 28: 79-86.

Fleming, J. E., Offord, D. R. (1990) Epidemiology of childhood depressive disorders: A critical review. Journal of the American Academy of Child and Adolescent Psychiatry 29: 571-580.

Forehand, R., Smith, K. A. (1986) Who depresses whom? A look at the relationship of adolescent mood to maternal and paternal mood. Child Study Journal 16: 19-23.

Frame, C. L., Matson, J. L. (Eds.) (1987) Handbook of assessment in childhood psychopathology: Applied issues in differential diagnosis and treatment evaluation. New York: Plenum Press.

Freeman, L. N., Poznanski, E. O., Grossman, J. A., Buchsbaum, Y. Y., Banegas, M. E. (1985) Psychotic and depressed children: A new entity. Journal of the American Academy of Child Psychiatry 24: 95-102.

French, A. P., Berlin, I. N. (Eds.) (1979) Depression in children and adolescents. New York: Human Sciences Press.

Friedrich, W., Reams, R., Jacobs, J. (1982) Depression and suicidal ideation in early adolescents. Journal of Youth and Adolescence 11: 403-407.

Friese, H.-J., Trott, G.-E. (Hrsg.) (1988) Depression in Kindheit und Jugend. Bern: Huber.

Fritze, M. (1988) Klassifikatorische Aspekte depressiver Störungen. Frankfurt/M.: Peter Lang.

Geller, B., Carr, L. G. (1988) Similarities and differences between adult and pediatric major depressive disorders. In: Georgotas, A., Cancro, R. (Eds.) Depression and mania, pp. 565-580, New York: Elsevier.

Geller, B., Chestnut, E. C., Miller, M. D., Price, D. T., Yates, E. (1985) Preliminary data on DSM-III associated features of major depressive disorder in children and adolescents. American Journal of Psychiatry 142: 643-644.

Glaser, K. (1967) Masked depression in children and adolescents. American Journal of Psychotherapy 21: 565-574.

Golombek, H., Garfinkel, B. D. (Eds.) (1983) The adolescent and mood disturbance. New York: International Universities Press.

Haley, G. M. T., Fine, S., Marriage, K., Moretti, M. M., Freeman, R. J. (1985) Cognitive bias and depression in psychiatrically disturbed children and adolescents. Journal of Consulting and Clinical Psychology 53: 535-537.

Hamilton, M. (1960) A rating scale for depression. Journal of Neurology, Neurosurgery and Psychiatry 23: 56-62.

Hamilton, M. (1967) Development of a rating scale for primary depressive illness. British Journal of Social and Clinical Psychology 6: 278-296.

Harper, J., Kelly, E. M. (1985) Antisocial behaviour as a mask for depression in year 5 and 6 boys. Mental Health in Australia 1: 14-19.

Harrington, R. C. (1989) Child and adult depression: Concepts and continuities. Israel Journal of Psychiatry and Related Sciences 26: 12-29.

Helsel, W. J., Matson, J. L. (1984) The assessment of depression in children: The internal structure of the Child Depression Inventory (CDI). Behaviour Research and Therapy 22: 289-298.

Herjanic, B., Herjanic, M., Brown, F., Wheatt, T. (1975) Are children reliable reporters? Journal of Abnormal Child Psychology 3: 41-48.

Herjanic, B., Reich, W. (1982) Development of a structured psychiatric interview for children: Agreement between child and parent on individual symptoms. Journal of Abnormal Child Psychology 10: 307-324.

Hodges, K., Kline, J., Stern, L., Cytryn, L., McKnew, D. (1982) The development of a Child Assessment Schedule for research and clinical use. Journal of Abnormal Child Psychology 10: 173-189.

Hodges, K., McKnew, D., Cytryn, L., Stern, L., Kline, J. (1982) The Child Assessment Schedule (CAS) Diagnostic Interview: A report on reliability and validity. Journal of the American Academy of Child Psychiatry 21: 468-473.

Hodges, K., Saunders, W. (1989) Internal consistency of a diagnostic interview for children: The Child Assessment Schedule. Journal of Abnormal Child Psychology 17: 691-701.

Hoier, T. S., Kerr, M. M. (1988) Extrafamilial information sources in the study of childhood depression. Journal of the American Academy of Child and Adolescent Psychiatry 27: 21-33.

Huber, H. (1989) Depressive Verstimmungszustände, Verhaltensprobleme und psychosoziale Faktoren bei Kindern alkoholkranker Väter: Eine empirische Untersuchung. Dissertation an der Naturwissenschaftlichen Fakultät der Karl-Franzens-Universität Graz.

Ivens, C., Rehm, L. P. (1988) Assessment of childhood depression: Correspondence between reports by child, mother, and father. Journal of the American Academy of Child and Adolescent Psychiatry 27: 738-741.

Jacobsen, R. H., Lahey, B. B., Strauss, C. C. (1983) Correlates of depressed mood in normal children. Journal of Abnormal Child Psychology 11: 29-39.

Joshi, P. T., Capozzoli, J. A., Coyle, J. T. (1990) The Johns Hopkins Depression Scale: Normative data and validation in child psychiatry patients. Journal of the American Academy of Child and Adolescent Psychiatry 29: 283-288.

Kaplan, S. L., Hong, G. K., Weinhold, C. (1984) Epidemiology of depressive symptomatology in adolescents. Journal of the American Academy of Child Psychiatry 23: 91-98.

Kashani, J. H. (1983) Depression in the preschool child. In: Petti, T. A. (Ed.) Childhood depression, pp. 11-17, New York: The Haworth Press.

Kashani, J. H. (1985) Counseling the depressed preschool child. Medical aspects of Human Sexuality 19: 39-43.

Kashani, J. H., Barbero, G. J., Bolander, F. (1981) Depression in hospitalized pediatric patients. Journal of the American Academy of Child Psychiatry 20: 123-134.

Kashani, J. H., Burk, J. P., Reid, J. C. (1985) Depressed children of depressed parents. Canadian Journal of Psychiatry 30: 265-269.

Kashani, J. H., Cantwell, D. P. (1983) Etiology and treatment of childhood depression: A biopsychological perspective. Comprehensive Psychiatry 24: 477-486.

Kashani, J. H., Carlson, G. A. (1985) Major depressive disorder in a preschooler. Journal of the American Academy of Child Psychiatry 24: 490-494.

Kashani, J. H., Carlson, G. A. (1987) Seriously depressed preschoolers. American Journal of Psychiatry 144: 348-350.

Kashani, J. H., Carlson, G. A., Beck, N. C., Hoeper, E. W., Corcoran, C. M., McAllister, J. A., Fallahi, C., Rosenberg, T. K., Reid J. C. (1987) Depression, depressive symptoms, and depressed mood among a community sample of adolescents. American Journal of Psychiatry 144: 931-934.

Kashani, J. H., Carlson, G. A., Horwitz, E., Reid, J. C. (1985) Dysphoric mood in young children referred to a child development unit. Child Psychiatry and Human Development 15: 234-242.

Kashani, J. H., Holcomb, W. R., Orvaschel, H. (1986) Depression and depressive symptoms in preschool children from the general population. American Journal of Psychiatry 143: 1138-1143.

Kashani, J. H., Husain, A., Shekim, W. O., Hodges, K. K., Cytryn, L., McKnew, D. (1981) Current perspectives on childhood depression: An overview. American Journal of Psychiatry 138: 143-153.

Kashani, J. H., McGee, R. O., Clarkson, S. E., Anderson, J. C., Walton, L. A., Williams, S., Silva, P. A., Robins, A. J., Cytryn, L., McKnew, D. H. (1983) Depression in a sample of 9 year old children. Archives of General Psychiatry 40: 1217-1227.

Kashani, J. H., Ray, J. S., Carlson, G. A. (1984) Depression and depressive-like states in preschool-age children in a child development unit. American Journal of Psychiatry 141: 1397-1402.

Kashani, J. H., Sherman, D. D. (1988) Childhood depression: Epidemiology, etiological models, and treatment implications. Integrative Psychiatry 6: 1-21.

Kashani, J. H., Sherman, D. D., Parker, D. R., Reid, J. C. (1990) Utility of the Beck Depression Inventory with clinic-referred adolescents. Journal of the American Academy of Child and Adolescent Psychiatry 29: 278-282.

Kashani, J. H., Simonds, J. F. (1979) The incidence of depression in children. American Journal of Psychiatry 136: 1203-1205.

Kashani, J. H., Venzke, R., Millar, E. (1981) Depression in children admitted to hospital for orthopaedic procedures. British Journal of Psychiatry 138: 21-25.

Kaslow, N. J., Rehm, L. P. (1983) Childhood depression. In: Morris R. J., Kratochwill, T. R. (Eds.) The practice of child therapy, pp. 27-51, New York: Pergamon Press.

Kaslow, N. J., Rehm, L. P., Siegel, A. W. (1984) Social-cognitive and cognitive correlates of depression in children. Journal of Abnormal Child Psychology 12: 605-620.

Kaslow, N. J., Tanenbaum, R. L., Abramson, L. Y., Peterson, C., Seligman, M. E. P. (1983) Problem-solving deficits and depressive symptoms among children. Journal of Abnormal Child Psychology 11: 497-502.

Kazdin, A. E. (1981) Assessment techniques for childhood depression - a critical appraisal. Journal of the American Academy of Child Psychiatry 20: 358-375.

Kazdin, A. E. (1987a) Assessment of childhood depression: Current issues and strategies. Behavioral Assessment 9: 291-319.

Kazdin, A. E. (1987b) Childrens Depression Scale: Validation with child psychiatric inpatients. Journal of Child Psychology and Psychiatry and Allied Disciplines 28: 29-41.

Kazdin, A. E. (1988) Childhood depression. In: Witt, J. C., Elliot, S. N., Gresham, F. M. (Eds.) Handbook of behavior therapy in education, pp. 739-772, New York: Plenum.

Kazdin, A. E. (1989a) Evaluation of the pleasure scale in the assessment of anhedonia in children. Journal of the American Academy of Child and Adolescent Psychiatry 28: 364-372.

Kazdin, A. E. (1989b) Identifying depression in children: A comparison of alternative selection criteria. Journal of Abnormal Child Psychology 17: 437-454.

Kazdin, A. E., Colbus, D., Rodgers, A. (1986) Assessment of depression and diagnosis of depressive disorder among psychiatrically disturbed children. Journal of Abnormal Child Psychology 14: 499-515.

Kazdin, A. E., Esveldt-Dawson, K., Unis, A. S., Rancurello, M. D. (1983) Child and parent evaluations of depression and aggression in psychiatric inpatient children. Journal of Abnormal Child Psychology 11: 401-413.

Kazdin, A. E., French, N. H., Unis, A. S. (1983) Child, mother, and father evaluations of depression in psychiatric inpatient children. Journal of Abnormal Child Psychology 11: 167-180.

Kazdin, A. E., French, N. H., Unis, A. S., Esveldt-Dawson, K. (1983) Assessment of childhood depression: correspondence of child and parent ratings. Journal of the American Academy of Child Psychiatry 22: 157-164.

Kazdin, A. E., French, N. H., Unis, A. S., Esveldt-Dawson, K., Sherick, R. B. (1983) Hopelessness, depression, and suicidal intent among psychiatrically disturbed inpatient children. Journal of Consulting and Clinical Psychology 51: 504-510.

Kazdin, A. E., Petti, T. A. (1982) Self-report and interview measures of childhood and adolescent depression. Journal of Child Psychology and Psychiatry and Allied Disciplines 23: 437-457.

Kazdin, A. E., Rodgers, A., Colbus, D. (1986) The Hopelessness Scale for Children: Psychometric characteristics and concurrent validity. Journal of Consulting and Clinical Psychology 54: 241-245.

Kazdin, A. E., Sherick, R. B., Esveldt-Dawson, K., Rancurello, M. D. (1985) Nonverbal behavior and childhood depression. Journal of the American Academy of Child Psychiatry 24: 303-309.

Keller, M. B., Shapiro, R. W. (1982) 'Double depression': Superimposition of acute depressive episodes on chronic depressive disorders. American Journal of Psychiatry 139: 438-442.

Kendall, P. C., Cantwell, D. P., Kazdin, A. E. (1989) Depression in children and adolescents: Assessment issues and recommendations. Cognitive Therapy and Research 13: 109-146.

Kendell, R. E. (1978) Die Diagnose in der Psychiatrie. Stuttgart: Enke.

Kerr, M. M., Hoier, T. S., Versi, M. (1987) Methodological issues in childhood depression: A review of the literature. American Journal of Orthopsychiatry 57: 193-198.

Kleebauer, E. (in Vorb.) Zusammenhänge zwischen psychosozialer Dependenz, Depressivität und Freundeskontakten im Kindesalter: Eine empirische Untersuchung an zehnjährigen Knaben und Mädchen. Dissertation an der Naturwissenschaftlichen Fakultät der Karl-Franzens-Universität Graz.

Koehler, K., Saß, H. (Bearb.) (1984) Diagnostisches und statistisches Manual psychischer Störungen DSM-III. Weinheim: Beltz.

Kohnen, R. (1981) Stimmungsschwankungen - Ein Indikator für Depressionstendenzen bei Kindern? In: Janke, W. (Hrsg.) Beiträge zur Methodik in der differentiellen, diagnostischen und klinischen Psychologie. Festschrift zum 60. Geburtstag von G. A. Lienert, pp. 374-392, Königstein/Taunus: Hain.

Kolvin, I., Berney, T. P., Bhate, S. R. (1984) Classification and diagnosis of depression in school phobia. British Journal of Psychiatry 145: 347-357.

Kovacs, M. (1978) The Interview Schedule for Children (ISC). Unpublished interview schedule. Department of Psychiatry, University of Pittsburgh School of Medicine.

Kovacs, M. (1980/81) Rating scales to assess depression in school aged children. Acta Paedopsychiatrica (Basel) 46: 305- 315.

Kovacs, M. (1982) The Children's Depression Inventory (CDI). Unpublished manuscript, Pittsburgh: Western Psychiatric Institute.

Kovacs, M. (1985a) The Children's Depression Inventory (CDI). Psychopharmacology Bulletin 21: 995-998.

Kovacs, M. (1985b) The natural history and course of depressive disorders in childhood. Psychiatric Annals 15: 387-389.

Kovacs, M. (1989) Affective disorders in children and adolescents. American Psychologist 44: 209-215.

Kovacs, M., Beck, A. T. (1977) An empirical-clinical approach towards a definition of childhood depression. In: Schulterbrandt, J.G., Raskin, A. (Eds.): Depression in childhood: Diagnosis, treatment and conceptual models, pp. 1-25, New York: Raven Press.

Kovacs, M., Feinberg, T. L., Crouse-Novak, M. A., Paulauskas, S. L., Finkelstein, R. (1984) Depressive disorders in childhood: I. A longitudinal prospective study of characteristics and recovery. Archives of General Psychiatry 41: 229-237.

Kovacs, M., Feinberg, T. L., Crouse-Novak, M. A., Paulauskas, S. L., Pollock, M., Finkelstein, R. (1984) Depressive disorders in childhood: II. A longitudinal study of the risk for a subsequent major depression. Archives of General Psychiatry 41: 643-649.

Kovacs, M., Paulauskas, S. L., Gatsonis, C., Richards, C. (1988) Depressive disorders in childhood: III. A longitudinal study of comorbidity with and risk for conduct disorders. Journal of Affective Disorders 15: 205-217.

Kovacs, M., Gatsonis, C., Paulauskas, S. L., Richards, C. (1989) Depressive disorders in childhood: IV. A longitudinal study of comorbidity with and risk for anxiety disorders. Archives of General Psychiatry 46: 776-782.

Kristopheritsch, E. (1983) Depression und Dependenz bei Kind und Mutter. Dissertation an der Naturwissenschaftlichen Fakultät der Karl-Franzens-Universität Graz.

Kuperman, S., Stewart, M. A. (1979) The diagnosis of depression in children. Journal of Affective Disorders 1: 213-217.

Lang, M., Tisher, M. (1978) The Children's Depression Scale. Victoria, Australia: The Australian Council for Educational Research.

Laroche, C. (1989) Childhood depressions. Psychiatric Journal of the University of Ottawa 14: 262-263.

Larsson, B., Melin, L. (1990) Depressive symptoms in Swedish adolescents. Journal of Abnormal Child Psychology 18: 91-103.

Last, C. G., Hersen, M. (Eds.) (1989) Handbook of child psychiatric diagnosis. New York: Wiley.

Lavori, P. W., Keller, M. B., Beardslee, W. R., Dorer, D. J. (1988) Affective disorder in childhood: Separating the familial component of risk from individual characteristics of children. Journal of Affective Disorders 15: 303-311.

Layne, C., Berry, E. (1983) Motivational deficit in childhood depression and hyperactivity. Journal of Clinical Psychology 39: 523-531.

Lefkowitz, M. M. (1980) Childhood depression: A reply to Costello. Psychological Bulletin 87: 191-194.

Lefkowitz, M. M., Burton, N. (1978) Childhood depression: A critique of the concept. Psychological Bulletin 85: 716-726.

Lefkowitz, M. M., Tesiny, E. P. (1980) Assessment of childhood depression. Journal of Consulting and Clinical Psychology 48: 43-50.

Lefkowitz, M. M., Tesiny, E. P. (1985) Depression in children: Prevalence and correlates. Journal of Consulting and Clinical Psychology 53: 647-656.

Lefkowitz, M. M., Tesiny, E. P., Gordon, N. H. (1980) Childhood depression, family income and locus of control. Journal of Nervous and Mental Disease 168: 732-735.

Lefkowitz, M. M., Tesiny, E. P., Solodow, W. (1989) A rating scale for assessing dysphoria in youth. Journal of Abnormal Child Psychology 17: 337-347.

Leitenberg, H., Yost, L. W., Carroll-Wilson, M. (1986) Negative cognitive errors in children: Questionnaire development, normative data, and comparisons between children with and without self-reported symptoms of depression, low self-esteem, and evaluation anxiety. Journal of Consulting and Clinical Psychology 54: 528-536.

Lewinsohn, P. M., Teri, L., Hoberman, H. M. (1983) Depression: A perspective on etiology, treatment, and life span issues. In: Rosenbaum, M., Franks, C. M., Jaffe, Y. (Eds.) Perspectives on behavior therapy in the eighties, pp. 155-183, New York: Springer.

Lewis, M., Lewis, D. O. (1981) Depression in childhood: A biopsychosocial perspective. American Journal of Psychotherapy 35: 323-329.

Lewis, M., Miller, S. M. (Eds.) (1990) Handbook of developmental psychopathology. New York: Plenum.

Lienert, G. A., Gebert, A., Kohnen, R. (1979) Mehrdimensionale psychologische Diagnostik am Beispiel der kindlichen Depression. In: Bergener, M. (Hrsg.) Mehrdimensionale Psychiatrie, pp. 101-138, Düsseldorf: Janssen.

Lienert, G. A., Kohnen, R. (1978) Questionnaire in child depression (Further results). Paper presented at the 10th Meeting of the International Group for the Study of Affective Disorders (IGSAD), Nürnberg, FRG.

Ling, W., Oftedal, G., Weinberg, W. A. (1970) Depressive illness in children presenting a severe headache. American Journal of Disease of Childhood 120: 122-124.

Lipovsky, J. A., Finch, A. J., Belter, R. W. (1989) Assessment of depression in adolescents: Objective and projective measures. Journal of Personality Assessment 53: 449-485.

Lobert, W. (1989) Untersuchung von Merkmalen depressiver Verstimmung in der Pubertät mit dem Kinder-Depressions-Inventar nach Kovacs. Zeitschrift für Kinder- und Jugendpsychiatrie 17: 194-201.

Lobert, W. (1990) Untersuchung zur Struktur der depressiven Verstimmung in der Pubertät mit dem GCDI (German Children's Depression Inventory). Zeitschrift für Kinder- und Jugendpsychiatrie 18: 18-22.

Lobovits, D. A., Handal, P. J. (1985) Childhood depression: Prevalence using DSM-III criteria and validity of parent and child depression scales. Journal of Pediatric Psychology 10: 45-54.

Lowe, T. L., Cohen, D. J. (1983) Biological research on depression in childhood. In: Cantwell, D. P., Carlson, G. A. (Eds.) Affective disorders in childhood and adolescence. An update, pp. 229-248, New York: Spectrum.

López Ibor, J. J. (1973) Depressive Äquivalente. In: Kielholz, P. (Hrsg.) Die larvierte Depression, pp. 102-130, Bern: Huber.

Lösel, F., Bliesener, T., Klünder, A., Köferl, P. (1988) Verhaltens- und Erlebens-Probleme bei deutschen Jugendlichen: Anwendungen der Youth Self-Report Form der Child Behavior Checklist und ein Vergleich mit Daten aus den Vereinigten Staaten. Unveröffentlichtes Manuskript, Universität Bielefeld: Sonderforschungsbereich 227.

Lösel, F., Bliesener, T., Köferl, P. (1989) Erlebens-und Verhaltens-Probleme bei Jugendlichen: Deutsche Adaption und kulturvergleichende Überprüfung der Youth Self-Report Form der

Child Behavior Checklist. Unveröffentlichtes Manuskript, Universität Bielefeld: Sonderforschungsbereich 227.

Marriage, K., Fine, S., Moretti, M., Haley, G. (1986) Relationship between depression and conduct disorder in children and adolescents. Journal of the American Academy of Child Psychiatry 25: 687-691.

Mash, E. J., Terdal, L. G. (Eds.) (1981) Behavioral assessment of childhood disorders. New York: Guilford Press.

Matson, J. L. (1989) Treating depression in children and adolescents. New York: Pergamon Press.

Matson, J. L., Nieminen, G. S. (1987) Validity of measures of conduct disorder, depression and anxiety. Journal of Clinical Child Psychology 16: 151-157.

McConville, B. J., Bruce, R. T. (1985) Depressive illnesses in children and adolescents: A review of current concepts. Canadian Journal of Psychiatry 30: 119-129.

McGee, R., Anderson, J., Williams, S., Silva, P. A. (1986) Cognitive correlates of depressive symptoms in 11-year-old children. Journal of Abnormal Child Psychology 14: 517-524.

McKnew, D. H., Cytryn, L. (1979) Urinary metabolites in chronically depressed children. Journal of the American Academy of Child Psychiatry 18: 608-615.

McKnew, D. H., Cytryn, L., Efron, A. M., Gershon, E. S., Bunney, W. E. (1979) Offspring of patients with affective disorders. British Journal of Psychiatry 134: 148-152.

Meyer, N. E., Dyck, D. G., Petrinack, R. J. (1989) Cognitive appraisal and attributional correlates of depressive symptoms in children. Journal of Abnormal Child Psychology 17: 325-336.

Mezzich, A. C., Mezzich, J. E. (1979a) A data-based typology of depressed adolescents. Journal of Personality Assessment 43: 238-246.

Mezzich, A. C., Mezzich, J. E. (1979b) Symptomatology of depression in adolescence. Journal of Personality Assessment 43: 267-275.

Mitchell, J., McCauley, E., Burke, P., Calderon, R., Schloredt, K. (1989) Psychopathology in parents of depressed children and adolescents. Journal of the American Academy of Child and Adolescent Psychiatry 28: 352-357.

Mitchell, J., McCauley, E., Burke, P. M., Moss, S. J. (1988) Phenomenology of depression in children and adolescents. Journal of the American Academy of Child and Adolescent Psychiatry 27: 12-20.

Mokros, H. B., Poznanski, E., Grossman, J. A., Freeman, L. N. (1987) A comparison of child and parent ratings of depression for normal and clinically referred children. Journal of Child Psychology and Psychiatry and Allied Disciplines 28: 613-627.

Moretti, M. M., Fine, S., Haley, G., Marriage, K. (1985) Childhood and adolescent depression: Child-report versus parent-report information. Journal of the American Academy of Child Psychiatry 24: 298-302.

Moser, C. (1983) Zusammenhänge zwischen mütterlichem Erziehungsstil und Depression im Kindesalter. Dissertation an der Naturwissenschaftlichen Fakultät der Karl-Franzens-Universität Graz.

Nelson, W. M., Politano, P. M., Finch, A. J., Wendel, N., Mayhall, C. (1987) Childrens Depression Inventory - Normative data and utility with emotionally disturbed children. Journal of the American Academy of Child and Adolescent Psychiatry 26: 43-48.

Nevermann, C. (1990) Depression in children: Self-reports and reports from peers and teachers in a normal elementary school population. In: Zapotoczky, H.-G., Wenzel, T. (Eds.) The scientific dialogue: From basic research to clinical intervention. Annual series of European research in behavior therapy, Vol. 5, pp. 81-85, Amsterdam: Swets & Zeitlinger.

Nissen, G. (1971) Depressive Syndrome im Kindes- und Jugendalter. Berlin: Springer.

Nissen, G. (1975) Larvierte Depressionen bei Kindern? Acta Paedopsychiatrica 41: 235-242.

Nissen, G. (1980/81) Zur Klassifikation der Depressionen im Kindesalter. Acta Paedopsychiatrica 46: 275-284.

Nissen, G. (1981) Kinder- und jugendpsychiatrische Aspekte der Depression. In: Pflug, B. (Hrsg.) Depressive Syndrome. Klinik, Forschung und Praxis, pp. 99-107, Stuttgart: Fischer.

Nissen, G. (1983a) Depressionen im Kindes- und Jugendalter. In: Faust, V., Hole, G. (Hrsg.) Depressionen. Symptomatik - Ätiopathogenese - Therapie, pp. 55-61, Stuttgart: Hippokrates.

Nissen, G. (1983b) Depression in adolescence: Clinical features and developmental aspects. In: Golombek, H., Garfinkel, B. D. (Eds.) The adolescent and mood disturbance, pp. 167-178, New York: International Universities Press.

Nissen, G. (1984a) Depressive Kinder und Jugendliche. In: Haase, H.-J. (Hrsg.) Der depressive Mensch, pp. 30-34, Erlangen: Perimed.

Nissen, G. (1984b) Diagnostik bei depressiven Kindern und Jugendlichen. In: Kielholz, P., Adams, C. (Hrsg.) Vermeidbare Fehler in Diagnostik und Therapie der Depression, pp. 21-28, Köln: Deutscher Ärzte-Verlag.

Nissen, G. (1984c) Somatogenic depression in children and adolescents. Acta Paedopsychiatrica 50: 21-28.

Nissen, G. (1984d) Spezielle Probleme in der Therapie depressiver Kinder und Jugendlicher. In: Kielholz, P., Adams, C. (Hrsg.) Vermeidbare Fehler in Diagnostik und Therapie der Depression, pp. 121-125, Köln: Deutscher Ärzte-Verlag.

Nissen, G. (1985a) Depressive Syndrome. In: Remschmidt, H., Schmidt, M. H. (Hrsg.) Kinder- und Jugendpsychiatrie in Klinik und Praxis. Band 3: Alterstypische, reaktive und neurotische Störungen, pp. 119-139, Stuttgart: Thieme.

Nissen, G. (1985b) Reaktive Depressionssyndrome bei Kindern und Jugendlichen. Münchner Medizinische Wochenschrift 127: 650-653.

Nissen, G. (1987) La depresión en la niñez y en la adolescencia: Diagnóstico y tratamiento. Psicopatología 7: 303-314.

Nissen, G. (1989) Emotionale Störungen mit vorwiegend psychischer Symptomatik. In: Eggers, C., Lempp, R., Nissen, G., Strunk, P. (Hrsg.) Kinder- und Jugendpsychiatrie, pp. 152-188, Berlin: Springer.

Nolen-Hoeksema, S., Girgus, J. S., Seligman, M. E. P. (1986) Learned helplessness in children: A longitudinal study of depression, achievement, and explanatory style. Journal of Personality and Social Psychology 51: 435-442.

Norvell, N., Brophy, C., Finch, A. J. (1985) The relationship of anxiety to childhood depression. Journal of Personality Assessment. 49: 150-153.

Norvell, N., Towle, P. O. (1986) Self-reported depression and observable conduct problems in children. Journal of Clinical Child Psychology 15: 228-232.

Nurcombe, B., Seifer, R., Scioli, A., Tramontana, M. G., Grapentine, W. L., Beauchesne, H. C. (1989) Is Major Depressive Disorder in adolescence a distinct diagnostic entity? Journal of the American Academy of Child and Adolescent Psychiatry 28: 333-342.

Ollendick, T. H., Hersen, M. (Eds.) (1984) Child behavioral assessment: Principles and procedures. New York: Pergamon Press.

Orvaschel, H. (1989) Diagnostic interviews for children and adolescents. In: Last, C. G., Hersen, M. (Eds.) Handbook of child psychiatric diagnosis, pp. 483-495, New York: Wiley.

Orvaschel, H. O., Puig-Antich, J., Chambers, W. J., Tabrizi, M. A., Johnson, R. (1982) Retrospective assessment of child psychopathology with the Kiddie-SADS-E. Journal of the American Academy of Child Psychiatry 21: 392-397.

Orvaschel, H., Walsh-Allis, G., Ye, W. (1988) Psychopathology in children of parents with recurrent depression. Journal of Abnormal Child Psychology 16: 17-28.

Orvaschel, H., Weissman, M. M., Kidd, K. K. (1980) Children and depression: The children of depressed parents; the childhood of depressed patients; depression in children. Journal of Affective Disorders 2: 1-16.

Perlwitz, E., Maier, J. (1989) Verbal behaviour of depressed children in word-association experiments. Paper presented at the 19th Annual Congress of the European Association of Behaviour Therapy, Sept. 20-24, Vienna, Austria.

Petti, T. A. (1978) Depression in hospitalized child psychiatry patients: Approaches to measuring depression. Journal of the American Academy of Child Psychiatry 17: 49-59.

Petti, T. A. (Ed.) (1983) Childhood depression. New York: The Haworth Press.

Pichot, P., Hassan, J. (1973) Larvierte Depression und depressive Äquivalente: Probleme der Definition und der Diagnostik. In: Kielholz, P. (Hrsg.) Die larvierte Depression, pp. 65-80, Bern: Huber.

Pöldinger, W., Blaser, P., Gehring, A. (1969) Zur Quantifizierung psychopathologischer und somatischer Symptome bei depressiven Verstimmungszuständen. In: Hippius, H., Selbach, H. (Hrsg.) Das depressive Syndrom, pp. 291-304, München: Urban & Schwarzenberg.

Politano, P. M., Edinger, D. L., Nelson, W. M. (1989) Comparisons of conduct and affective disordered youth: A psychometric investigation of responses to the Children's Depression Inventory. Journal of Child Psychology and Psychiatry and Allied Disciplines 30: 431-438.

Politano, P. M., Nelson, W. M., Evans, H. E., Sorenson, S. B., Zeman, D. J. (1986) Factor analytic evaluation of differences between Black and Caucasian emotionally disturbed children on the Children's Depression Inventory. Journal of Psychopathology and Behavioral Assessment 8: 1-7.

Poustka, F. (1988) Kinderpsychiatrische Untersuchungen. In: Remschmidt, H., Schmidt, M. H. (Hrsg.) Kinder- und Jugendpsychiatrie in Klinik und Praxis. Band 1: Grundprobleme, Pathogenese, Diagnostik, Therapie, pp. 478-511, Stuttgart: Thieme.

Poznanski, E. O. (1985) Depression in children and adolescents: An overview. Psychiatric Annals 15: 365-367.

Poznanski, E. O., Cook, S. C., Carroll, B. J. (1979) A depression rating scale for children. Pediatrics 64: 442-450.

Poznanski, E. O., Cook, S. C., Carroll, B. J., Corzo, H. (1983) Use of the Children's Depression Rating Scale in an inpatient psychiatric population. Journal of Clinical Psychiatry 44: 200-203.

Poznanski, E. O., Grossman, J. A., Buchsbaum, Y., Banegas, M., Freeman, L. N., Gibbons, R. (1984) Preliminary studies of the reliability and validity of the Children's Depression Rating Scale. Journal of the American Academy of Child Psychiatry 23: 191-197.

Poznanski, E. O., Mokros, H. B., Grossman, J. A., Freeman, L. N. (1985) Diagnostic criteria in childhood depression. American Journal of Psychiatry 142: 1168-1173.

Puig-Antich, J. (1980) Affective disorders in childhood: A review and perspective. In: Blinder, B. (Ed.): Psychiatric Clinics of North America, Vol.3, pp. 403-424, Philadelphia: Saunders.

Puig-Antich, J. (1982a) Major depression and conduct disorder in prepuberty. Journal of the American Academy of Child Psychiatry 21: 118-123.

Puig-Antich, J. (1982b) The use of RDC criteria for major affective disorder in children and adolescents. Journal of the American Academy of Child Psychiatry 21: 291-293.

Puig-Antich, J. (1983) Neuroendocrine and sleep correlates of prepubertal major depressive disorder: Current status of the evidence. In: Cantwell, D. P., Carlson, G. A. (Eds.) Affective disorders in childhood and adolescence. An update, pp. 211-227, New York: Spectrum.

Puig-Antich, J. (1986) Psychobiological markers: Effects of age and puberty. In: Rutter, M., Izard, C. E., Read, P. B. (Eds.) Depression in young people: Developmental and clinical perspectives, pp. 341-381, New York: Guilford Press.

Puig-Antich, J. (1987) Sleep and neuroendocrine correlates of affective illness in childhood and adolescence. Journal of Adolescent Health Care 8: 505-529.

Puig-Antich, J., Blau, S., Marx, N., Greenhill, L. L., Chambers, W. (1978) Prepubertal major depressive disorder. A pilot study. Journal of the American Academy of Child Psychiatry 17: 695-707.

Puig-Antich, J., Chambers, W. (1978) The Schedule for Affective Disorders and Schizophrenia for School-Aged Children (Kiddie-SADS). Unpublished interview schedule. New York State Psychiatric Institute.

Puig-Antich, J., Gittelman, R. (1982) Depression in childhood and adolescence. In: Paykel, E. S. (Ed.) Handbook of affective disorders, pp. 379-392, Edinburgh: Churchill Livingstone.

Puig-Antich, J., Goetz, R., Hanlon, C., Davies, M., Thompson, J., Chambers, W. J., Tabrizi, M. A., Weitzman, E. D. (1982) Sleep architecture and REM sleep measures in prepubertal children with major depression. Archives of General Psychiatry 39: 932-939.

Puig-Antich, J., Lukens, E., Davies, M., Goetz, D., Brennan-Quattrock, J., Todak, G. (1985a) Psychosocial functioning in prepubertal major depressive disorders: I. Interpersonal relationships during the depressive episode. Archives of General Psychiatry 42: 500-507.

Puig-Antich, J., Lukens, E., Davies, M., Goetz, D., Brennan-Quattrock, J., Todak, G. (1985b) Psychosocial functioning in prepubertal major depressive disorders: II. Interpersonal relationships after sustained recovery from affective episode. Archives of General Psychiatry 42: 511-517.

Puig-Antich, J., Novacenko, H., Goetz, R., Corser, J., Davies, M., Ryan, N. (1984) Cortisol and prolactin responses to insulin-induced hypoglycemia in prepubertal major depressives during episode and after recovery. Journal of the American Academy of Child Psychiatry 23: 49-57.

Quay, H. C., Routh, D. K., Shapiro, S. K. (1987) Psychopathology of childhood: From description to validation. Annual Review of Psychology 38: 491-532.

Radloff, L. S. (1977) The CES-D scale: A self-report depression scale for research in the general population. Applied Psychological Measurement 1: 385-401.

Rapoport, J. L. (1989) Future directions in child psychiatric diagnosis. In: Last, C. G., Hersen, M. (Eds.) Handbook of child psychiatric diagnosis, pp. 531-537, New York: Wiley.

Rehm, L. P., Gordon-Leventon, B., Ivens, C. (1987) Depression. In: Frame, C. L., Matson, J. L. (Eds.) Handbook of assessment in childhood psychopathology: Applied issues in differential diagnosis and treatment evaluation, pp. 341-371, New York: Plenum Press.

Reich, W., Herjanic, B., Welner, Z., Gandhy, P. R. (1982) Development of a structured psychiatric interview for children: Agreement on diagnosis comparing child and parent interviews. Journal of Abnormal Child Psychology 10: 325-336.

Reicher, H., Rossmann, P. (1990) Zu den psychometrischen Eigenschaften einer deutschen Version des Children's Depression Inventory. Diagnostica 36: im Druck.

Remschmidt, H., Schmidt, M. H. (Hrsg.) (1988) Kinder- und Jugendpsychiatrie in Klinik und Praxis. Band 1: Grundprobleme, Pathogenese, Diagnostik, Therapie. Stuttgart: Thieme.

Remschmidt, H., Walter, R. (1990a) Psychische Auffälligkeiten bei Schulkindern: Eine epidemiologische Untersuchung. Göttingen: Hogrefe.

Remschmidt, H., Walter, R. (1990b) Psychische Auffälligkeiten bei Schulkindern: Eine epidemiologische Untersuchung. Zeitschrift für Kinder- und Jugendpsychiatrie 18: 121-132.

Reynolds, W. M. (1984) Depression in children and adolescents: Phenomenology, evaluation and treatment. School Psychology Review 13: 171-182.

Reynolds, W. M. (1985) Depression in childhood and adolescence: Diagnosis, assessment, intervention strategies and research. In: Kratochwill, T. R. (Ed.) Advances in school psychology, Volume 4, pp. 133-189, Hillsdale: Erlbaum.

Reynolds, W. M. (1987) Reynolds Adolescent Depression Scale RADS. Odessa, FL: Psychological Assessment Resources.

Reynolds, W. M. (in press) Child Depression Scale. Odessa, FL: Psychological Assessment Resources.

Reynolds, W. M., Anderson, G., Bartell, N. (1985) Measuring depression in children: A multimethod assessment investigation. Journal of Abnormal Child Psychology 13: 513-526.

Reynolds, W. M., Graves, A. (1989) Reliability of children's reports of depressive symptomatology. Journal of Abnormal Child Psychology 17: 647-655.

Rie, H. E. (1966) Depression in childhood. A survey of some pertinent contributions. Journal of the American Academy of Child Psychiatry 5: 653-685.

Robins, C. J., Hinkley, K. (1989) Social-cognitive processing and depressive symptoms in children: A comparison of measures. Journal of Abnormal Child Psychology 29-36.

Robins, L. N., Helzer, J. E., Croughan, J., Ratcliff, K. S. (1981) National Institute of Mental Health Diagnostic Interview Schedule: Its history, characteristics, and validity. Archives of General Psychiatry 38: 381-389.

Rochlin, G. (1959) The loss complex: A contribution to the etiology of depression. Journal of the American Psychoanalytical Association 7: 299-316.

Romano, B. A., Nelson, R. O. (1988) Discriminant and concurrent validity of measures of childhood depression. Journal of Clinical Child Psychology 17: 255-259.

Roschitz, D. (1987) Potentiell verstärkende Aktivitäten, selbstberichtete Sozialkontakte und Depressivität: Eine empirische Untersuchung an zehnjährigen Knaben. Diplomarbeit an der Geisteswissenschaftlichen Fakultät der Karl-Franzens-Universität Graz.

Rossmann, P. (1988) Depression im Kindes- und Jugendalter: Eine Bibliographie. Arbeitsbericht 1/1988, Abteilung für Pädagogische Psychologie, Karl-Franzens-Universität Graz.

Rossmann, P. (1990) Symptoms of depression in childhood and the internal structure of a recently developed Austrian depression scale for children. In: Zapotoczky, H.-G., Wenzel, T. (Eds.) The scientific dialogue: From basic research to clinical intervention. Annual series of European research in behavior therapy, Vol. 5, pp. 95-102, Amsterdam: Swets & Zeitlinger.

Rossmann, P., Kristopheritsch, E. (1984) Psychosoziale Dependenz bei depressiven Kindern und deren Müttern. Zeitschrift für Kinder- und Jugendpsychiatrie 12: 189-200.

Rotundo, N., Hensley, V. R. (1985) The Children's Depression Scale: A study of its validity. Journal of Child Psychology and Psychiatry and Allied Disciplines 26: 917-927.

Routh, D. K. (1989) Validating diagnostic categories. In: Last, C. G., Hersen, M. (Eds.) Handbook of child psychiatric diagnosis, pp. 41-57, New York: Wiley.

Rutter, M. (1972) Relationships between child and adult psychiatric disorders. Acta Psychiatrica Scandinavica 48: 3-21.

Rutter, M. (1986) The developmental psychopathology of depression: Issues and perspectives. In: Rutter, M., Izard, C. E., Read, P. B. (Eds.) Depression in young people: Developmental and clinical perspectives, pp. 1-30, New York: Guilford Press.

Rutter, M., Garmezy, N. (1983) Developmental psychopathology. In: Hetherington, E. M. (Ed.) Handbook of child psychology, Vol. 4, Socialization, personality, and sexual development, pp. 776-911, New York: Wiley.

Rutter, M., Graham, P. (1968) The reliability and validity of the psychiatric assessment of the child: I. Interview with the child. British Journal of Psychiatry 114: 563-579.

Rutter, M., Izard, C. E., Read, P. B. (Eds.) (1986) Depression in young people: Developmental and clinical perspectives. New York: Guilford Press.

Rutter, M., Tuma, A. H., Lann, I. S. (Eds.) (1988) Assessment and diagnosis in child psychopathology. London: David Fulton Publishers.

Ryan, N. D. (1989) Major depression. In: Last, C. G., Hersen, M. (Eds.) Handbook of child psychiatric diagnosis, pp. 317-329, New York: Wiley.

Ryan, N. D., Puig-Antich, J., Ambrosini, P., Rabinovich, H., Robinson, D., Nelson, B., Iyengar, S., Twomey, J. (1987) The clinical picture of major depression in children and adolescents. Archives of General Psychiatry 44: 854-861.

Saylor, C. F., Finch, A. J., Baskin, C. H., Furey, W., Kelly, M. M. (1984) Construct validity for measures of childhood depression: Application of multitrait-multimethod methodology. Journal of Consulting and Clinical Psychology 52: 977-985.

Saylor, C. F., Finch, A. J., Baskin, C. H., Saylor, C. B., Darnell, G., Furey, W. (1984) Children's Depression Inventory: Investigation of procedures and correlates. Journal of the American Academy of Child Psychiatry 23: 626-628.

Saylor, C. F., Finch, A. J., McIntosh, J. A. (1988) Self-reported depression in psychiatric, pediatric and normal populations. Child Psychiatry and Human Development 18: 250-254.

Saylor, C. F., Finch, A. J., Spirito, A., Bennett, B. (1984) The Children's Depression Inventory: A systematic evaluation of psychometric properties. Journal of Consulting and Clinical Psychology 52: 955-967.

Schulterbrandt, J.G., Raskin, A. (Eds.) (1977) Depression in childhood: Diagnosis, treatment and conceptual models. New York: Raven Press.

Schwartz, M., Friedman, R., Lindsay, P., Narrol, H. (1982) The relationship between conceptual tempo and depression in children. Journal of Consulting and Clinical Psychology 50: 488-490.

Schwarzer, R., Royl, W. (1976) Angst und Schulunlust als Sozialisationseffekte verschiedener Schularten. Zeitschrift für Pädagogik 22: 547-556.

Seifer, R., Nurcombe, B., Scioli, A., Grapentine, W. L. (1989) Is Major Depressive Disorder in childhood a distinct diagnostic entity? Journal of the American Academy of Child and Adolescent Psychiatry 28: 935-941.

Seligman, M. E. P., Peterson, C. (1986) A learned helplessness perspective on childhood depression: Theory and research. In: Rutter, M., Izard, C. E., Read, P. B. (Eds.) Depression in young people: Developmental and clinical perspectives, pp. 223-249, New York: Guilford Press.

Seligman, M. E. P., Peterson, C., Kaslow, N. J., Tanenbaum, R. L., Alloy, L. B., Abramson, L. Y. (1984) Attributional style and depressive symptoms among children. Journal of Abnormal Psychology 93: 235-238.

Shaffer, D., Campbell, M., Cantwell, D., Bradley, S., Carlson, G., Cohen, D., Denckla, M., Frances, A., Garfinkel, B., Klein, R., Pincus, H., Spitzer, R. L., Volkmar, F., Widinger, T. (1989) Child and adolescent psychiatric disorders in DSM-IV: Issues facing the work group. Journal of the American Academy of Child and Adolescent Psychiatry 28: 830-835.

Shoemaker, O. S., Erickson, M. T., Finch, A. J. (1986) Depression and anger in third- and fourth-grade boys: A multimethod assessment approach. Journal of Clinical Child Psychology 15: 290-296.

Simeon, J. G. (1989) Depressive disorders in children and adolescents. Psychiatric Journal of the University of Ottawa 14: 356-361.

Smucker, M. R., Craighead, W. E., Craighead, L. W., Green, B. J. (1986) Normative and reliability data for the Children's Depression Inventory. Journal of Abnormal Child Psychology 14: 25-39.

Spence, S. H., Milne, J. H. (1987) The Children's Depression Inventory: Norms and factor analysis from an Australian school population. Australian Psychologist 22: 345-351.

Spirito, A., Williams, C. A., Stark, L. J., Hart, K. J. (1988) The Hopelessness Scale for Children: Psychometric properties with normal and emotionally disturbed adolescents. Journal of Abnormal Child Psychology 16: 445-458.

Spitz, R. A. (1946) Anaclitic depression. An inquiry into the genesis of psychiatric conditions in early childhood, II. Psychoanalytic Study of the Child 2: 313-342.

Spitz, R. A. (1954) Infantile depression and the general adaptation syndrome. In: Hoch, P. H., Zubin, J. (Eds.) Depression, pp. 93-108, New York: Grune & Stratton.

Spitzer, R. L., Cantwell, D. P. (1980) The DSM-III classification of the psychiatric disorders of infancy, childhood, and adolescence. Journal of the American Academy of Child Psychiatry 19: 356-370.

Spitzer, R. L., Endicott, J., Robins, E. (1978) Research diagnostic criteria: Rationale and reliability. Archives of General Psychiatry 35: 773-782.

Städeli, H. (Hrsg.) (1978) Die chronische Depression beim Kind und beim Jugendlichen. Bern: Huber.

Städeli, H. (1983) Angst- und Depressionssyndrome im Vorschulalter - ihre Erkennung und ihre Behandlung. In: Nissen, G. (Ed.) Psychiatrie des Kleinkind- und des Vorschulalters. Psychodynamische, humangenetische, ethologische, entwicklungspsychologische und psychopathologische Aspekte, pp. 148-161, Bern: Huber.

Steinhausen, H. C. (1988) Psychische Störungen bei Kindern und Jugendlichen: Lehrbuch der Kinder- und Jugendpsychiatrie. München: Urban & Schwarzenberg.

Stiensmeier, J. (1988) Die Erfassung von Depression bei Kindern: Eine deutsche Version des Children's Depression Inventory (CDI-d). Diagnostica 34: 320-331.

Stiensmeier-Pelster, J., Schürmann, M., Duda, K. (1989) Depressions-Inventar für Kinder und Jugendliche (DIKJ). Göttingen: Hogrefe.

Strauss, C.C., Forehand, R., Frame, C., Smith, K. (1984) Characteristics of children with extreme scores on the Children's Depression Inventory. Journal of Clinical Child Psychology 13: 227-231.

Strauss, C. C., Forehand, R., Smith, K., Frame, C. (1986) The association between social withdrawal and internalizing problems of children. Journal of Abnormal Child Psychology 14: 525-535.

Strober, M., Green, J., Carlson, G. (1981) Utility of the Beck Depression Inventory with psychiatrically hospitalized adolescents. Journal of Consulting and Clinical Psychology 49: 482-484.

Strober, M., Werry, J. S. (1986) The assessment of depression in children and adolescents. In: Sartorius, N., Ban, T. A. (Eds): Assessment of depression, pp. 324-342, Berlin: Springer.

Teri, L. (1982a) Depression in adolescence: Its relationship to assertion and various aspects of self-image. Journal of Clinical Child Psychology 2: 101-106.

Teri, L. (1982b) The use of the Beck Depression Inventory with adolescents. Journal of Abnormal Child Psychology 10: 277-284.

Tesiny, E. P., Lefkowitz, M. M. (1982) Childhood depression: A 6-month follow-up study. Journal of Consulting and Clinical Psychology 50: 778-789.

Tesiny, E. P., Lefkowitz, M. M., Gordon, N. H. (1980) Childhood depression, locus of control, and school achievement. Journal of Educational Psychology 72: 506-510.

Tisher, M., Lang, M. (1983) The Children's Depression Scale: Review and recent developments. In: Cantwell, D. P., Carlson, G. A. (Eds.) Affective disorders in childhood and adolescence. An update, pp. 181-203, New York: Spectrum.

Toolan, J. M. (1962) Depression in children and adolescents. American Journal of Orthopsychiatry 32: 404-414.

Toolan, J. M. (1981) Depression and suicide in children: An overview. American Journal of Psychotherapy 35: 311-322.

Trad, P. V. (1986) Infant depression: Paradigms and paradoxes. New York: Springer.

Trad, P. V. (1987) Infant and childhood depression: Developmental factors. New York: Wiley.

Treiber, F. A., Mabe, P. A. (1987) Child and parent perceptions of children's psychopathology in psychiatric outpatient children. Journal of Abnormal Child Psychology 15: 115-124.

Tryon, C. M. (1939) Evaluations of adolescent personality by adolescents. Monographs of the Society for Research in Child Development 4: No. 4.

Velez, C. N., Johnson, J., Cohen, P. (1989) A longitudinal analysis of selected risk factors for childhood psychopathology. Journal of the American Academy of Child and Adolescent Psychiatry 28: 861-864.

Verhulst, F. C. (1989) Childhood depression: Problems of definition. Israel Journal of Psychiatry and Related Sciences 26: 3-11.

Vermilyea, J. A., Heimberg, R. G., Silverman, W. K. (1985) Selected issues in the study of childhood depression. In: Dean, A. (Ed.) Depression in multidisciplinary perspective, pp. 118-144, New York: Brunner/Mazel.

Vosk, B., Forehand, R., Parker, J. B., Rickard, K. (1982) A multimethod comparison of popular and unpopular children. Developmental Psychology 18: 571-575.

Wagner, J. W. L. (1977) Fragebogen zum Selbstkonzept für 4. bis 6. Klassen (FSK 4-6). Weinheim: Beltz.

Ward, L. G., Friedlander, M. L., Silverman, W. K. (1987) Children's depressive symptoms, negative self-statements, and causal attributions for success and failure. Cognitive Therapy and Research 11: 215-227.

Weinberg, W. A., Rutman, J., Sullivan, L., Penick, E. C., Dietz, S. G. (1973) Depression in children referred to an educational diagnostic center: Diagnosis and treatment. Journal of Pediatrics 83: 1065-1072.

Weinstein, S. H., Stone, K., Noam, G. G., Grimes, K., Schwab-Stone, M. (1989) Comparison of DISC with clinicians' DSM-III diagnoses in psychiatric inpatients. Journal of the American Academy of Child and Adolescent Psychiatry 28: 53-60.

Weiss, B., Weisz, J. R. (1988) Factor structure of self-reported depression: Clinic referred children versus adolescents. Journal of Abnormal Psychology 97: 492-495.

Weissman, M. M., Gammon, G. D., John, K., Merikangas, K. R., Warner, V., Prusoff, B. A., Sholomskas, D. (1987) Children of depressed parents: Increased psychopathology and early onset of major depression. Archives of General Psychiatry 44: 847-853.

Weissman, M. M., Orvaschel, H., Padian, N. (1980) Children's symptom and social functioning self-report scales: Comparison of mothers' and children's reports. Journal of Nervous and Mental Disease 168: 736-740.

Weissman, M. M., Wickramaratne, P., Warner, V., John, K., Prusoff, B. A., Merikangas, K. R., Gammon, G. D. (1987) Assessing psychiatric disorders in children: Discrepancies between mothers' and children's reports. Archives of General Psychiatry 44: 747-753.

Weisz, J. R., Stevens, J. S., Curry, J. F., Cohen, R., Craighead, W. E., Burlingame, W. V., Smith, A., Weiss, B., Parmelee, D. X. (1989) Control-related cognitions and depression among inpatient children and adolescents. Journal of the American Academy of Child and Adolescent Psychiatry 28: 358-363.

Weisz, J. R., Weiss, B., Wasserman, A. A., Rintoul, B. (1987) Control-related beliefs and depression among clinic-referred children and adolescents. Journal of Abnormal Psychology 96: 58-63.

Welner, Z., Rice, J. (1988) School-aged children of depressed parents: A blind and controlled study. Journal of Affective Disorders 15: 291-302.

Wieczerkowski, W., Nickel, H., Janowski, A., Fittkau, B., Rauer, W. (1976^3) Angstfragebogen für Schüler (AfS). Braunschweig: Westermann.

Wierzbicki, M. (1987a) A parent form of the Children's Depression Inventory: Reliability and validity in nonclinical populations. Journal of Clinical Psychology 43: 390-397.

Wierzbicki, M. (1987b) Similarity of monozygotic and dizygotic child twins in level and lability of subclinically depressed mood. American Journal of Orthopsychiatry 57: 33-40.

Wiggins, J. S., Winder, C. L. (1961) The Peer Nomination Inventory: An empirically derived sociometric measure of adjustment in preadolescent boys. Psychological Reports 9: 643-677.

Williams, S., McGee, R., Anderson, J., Silva, P. A. (1989) The structure and correlates of self-reported symptoms in 11-year-old children. Journal of Abnormal Child Psychology 17: 55-71.

Wirt, R. D., Lachar, D., Klinedinst, J. K., Seat, P. D. (1984^2) Multidimensional description of personality. A manual for the Personality Inventory for Children. Los Angeles: Western Psychological Services.

Wittchen, H. U., Saß, H., Zaudig, M., Koehler, K. (Bearb.) (1989) Diagnostisches und statistisches Manual psychischer Störungen DSM-III-R. Weinheim: Beltz.

Wolfe, V. V., Finch, A. J., Saylor, C. F., Blount, R. L., Pallmeyer, T. P., Carek, D. J. (1987) Negative affectivity in children: A multitrait-multimethod investigation. Journal of Consulting and Clinical Psychology 55: 245-250.

Yanish, D. L., Battle, J. (1985) Relationship between self-esteem, depression and alcohol consumption among adolescents. Psychological Reports 57: 331-334.

Zeichner, A. (1987) Neuropsychological, physiological, and biochemical assessment. In: Frame, C. L., Matson, J. L. (Eds.) Handbook of assessment in childhood psychopathology: Applied issues in differential diagnosis and treatment evaluation, pp. 107-129, New York: Plenum.

Autorenregister

Abramson, L. Y. 101, 102, 106, 148, 161
Achenbach, T. M. 54, 72, 110, 133, 138
Adams, C. 154, 155
Allen, D. M. 108, 138
Alloy, L. B. 101, 102, 106, 161
Ambrosini, P. J. 43, 62-64, 138, 141, 160
American Psychiatric Association 30, 31, 138
Anderson, G. 101-103, 106, 111, 136, 159
Anderson, J. C. 41, 68, 106, 147, 153, 165
Angold, A. 55, 109, 142
Annell, A. 13, 23, 138, 139
Anthony, E. J. 19, 139
Apter, A. 20, 65, 139
Asarnow, J. R. 63, 82-84, 85, 107, 139
Audette, D. P. 94, 140
Baker, L. 52, 141
Ban, T. A. 163
Banegas, M. E. 44, 60, 145, 157
Barbero, G. J. 41, 147
Barrera, M. 112, 139
Bartell, N. 101-103, 106, 111, 136, 159
Baskin, C. H. 92, 93, 102, 103, 106, 136, 160, 161
Bates, S. 63, 83, 85, 139
Bath, H. I. 75, 77, 78, 139
Battle, J. 111, 112, 139, 165
Baum, C. G. 106, 144
Bawden, H. N. 10, 144
Beardslee, W. R. 43, 46, 139, 151
Beauchesne, H. C. 52, 155
Beck, A. T. 17, 99, 112, 139, 150
Beck, D. C. 85, 86, 139

Beck, N. C. 42, 44, 147
Belter, R. W. 58, 152
Benfield, C. Y. 108, 139
Bennett, B. 93, 101-103, 106, 108, 161
Bergener, M. 152
Berlin, I. N. 17, 145
Berney, T. P. 22, 150
Berry, E. 100, 151
Bhate, S. R. 22, 150
Birleson, P. 82-84, 86, 140
Blanz, B. 70, 132, 143
Blaser, P. 112, 156
Blau, S. 40, 47, 157
Blechman, E. A. 94, 140
Bliesener, T. 110, 152
Blinder, B. 157
Blöschl, L. 113, 114, 118, 140
Blouin, A. G. 62, 144
Blount, R. L. 136, 165
Blumberg, S. H. 106, 140
Bolander, F. 41, 147
Bowlby, J. 14, 140
Bradley, S. 51, 161
Brennan-Quattrock, J. 50, 158
Brophy, C. 106, 155
Brown, F. 68, 146
Brown, J. S. 54, 110, 138
Brownfield, F. E. 85, 86, 139
Bruce, R. T. 20, 153
Brumback, R. A. 27, 140
Buchanan, D. G. 83, 84, 86, 140
Buchsbaum, Y. Y. 44, 60, 145, 157
Bunney, W. E. 17, 30, 59, 60, 142, 153
Burbach, D. J. 119, 140
Burk, J. P. 46, 147
Burke, P. M. 44, 46, 153
Burlingame, W. V. 106, 164
Burrows, G. D. 139
Burton, N. 18, 19, 151
Buss, R. R. 112, 141

Calderon, R. 46, 153
Campbell, D. T. 93, 141
Campbell, M. 51, 161
Cantwell, D. P. 11, 20, 21, 28, 30, 40, 41, 47, 51-53, 55, 100, 107, 141, 147, 149, 152, 157, 161-163
Capozzoli, J. A. 59, 146
Cardoze Comanto, D. 111, 141
Carek, D. J. 136, 165
Carella, E. T. 94, 140
Carey, M. P. 95-99, 104, 112, 141, 144
Carlson, G. A. 20, 21, 28, 40-42, 44, 51, 82-86, 100, 107, 112, 139, 141, 147, 152, 157, 161, 163
Carr, L. G. 19, 145
Carroll, B. J. 59, 60, 156
Carroll-Wilson, M. 106, 151
Cattell, R. B. 78, 141
Chambers, W. J. 40, 47, 50, 58, 62-64, 141, 155, 157
Chaplin, L. 84, 144
Chestnut, E. C. 44, 145
Cicchetti, D. 19, 20, 142
Clarizio, H. F. 20, 142
Clarkson, S. E. 41, 147
Cohen, D. J. 10, 51, 152, 161
Cohen, P. 42, 163
Cohen, R. 106, 164
Colbus, D. 61, 62, 77, 81, 106, 107, 148, 149
Conners, C. K. 54, 62, 138, 144
Conover, N. C. 68, 143
Cook, S. C. 59, 60, 156
Corcoran, C. M. 42, 44, 147
Corser, J. 50, 158
Corzo, H. 60, 156
Costello, A. J. 54, 58, 62, 67, 68, 72, 142, 143
Costello, C. G. 18, 142
Costello, E. J. 55, 68, 109, 142

Coyle, J. T. 59, 146
Craighead, L. W. 101-103, 162
Craighead, W. E. 101-103, 106, 162, 164
Cronbach, L. J. 75, 142
Croughan, J. 58, 159
Crouse-Novak, M. A. 47, 150
Curry, J. F. 106, 164
Cytryn, L. 16, 17, 19, 30, 41, 58-60, 68, 108, 142, 146, 147, 153
Darnell, G. 92, 106, 161
Davies, M. 50, 62, 64, 141, 157, 158
Dean, A. 164
Denckla, M. 51, 161
Diener, C. I. 106, 144
Dietz, S. G. 25, 27, 46, 164
Digdon, N. 20, 142
Doménech, E. 111, 142, 144
Doménech, J. M. 111, 144
Dorer, D. J. 46, 151
Duda, K. 114, 120, 121, 124, 125, 162
Dulcan, M. K. 68, 143
Dweck, C. S. 27, 142
Dyck, D. G. 106, 153
Earls, F. 42, 143
Eddy, B. A. 111, 143
Edelbrock, C. S. 54, 58, 62, 67, 68, 72, 110, 138, 142, 143
Ederer, E. 114, 118, 140, 143
Edinger, D. L. 109, 156
Edwards, G. L. 101-103, 144
Efron, A. M. 59, 60, 153
Egan, J. 62, 144
Egger, R. 117, 143
Eggers, C. 20, 114, 143, 155
Elliot, S. N. 148
Endicott, J. 29, 58, 143, 162
Enyart, P. 95-99, 104, 141, 144
Erbaugh, J. 99, 112, 139
Erickson, M. T. 93, 136, 161

Esser, G. 70, 132, 143
Esveldt-Dawson, K. 50, 61, 101, 106, 107, 149
Evans, H. E. 104, 156
Ezpeleta, L. 111, 142, 144
Fallahi, C. 42, 44, 147
Farha, J. G. 119, 140
Faulstich, M. E. 95-99, 104, 141, 144
Faust, J. 106, 144
Faust, V. 154
Feighner, J. P. 26, 29, 144
Feinberg, T. L. 47, 150
Feinstein, C. B. 62, 144
Felder, W. 20, 144
Ferguson, H. B. 10, 144
Finch, A. J. 58, 92, 93, 101-103, 106, 108, 109, 136, 144, 152, 154, 155, 160, 161, 165
Fincham, F. D. 106, 144
Fine, S. 44, 77, 79, 80, 102, 103, 107, 108, 145, 153, 154
Finkelstein, R. 47, 150
Firth, M. A. 84, 144
Fiske, D. W. 93, 141
Fittkau, B. 120, 165
Fleming, J. E. 41, 144
Forehand, R. 46, 106, 117, 144, 145, 162-164
Frame, C. L. 55, 106, 145, 158, 162, 163, 165
Frances, A. 51, 161
Franks, C. M. 151
Freeman, L. N. 41, 44, 60, 145, 153, 157
Freeman, R. J. 77, 79, 80, 102, 103, 107, 145
French, A. P. 17, 145
French, N. H. 61, 101, 106, 107, 149
Friedlander, M. L. 93, 164
Friedman, R. 106, 161
Friedrich, W. 112, 145

Friese, H.-J. 20, 114, 140, 145
Fritze, M. 53, 145
Furey, W. 92, 93, 102, 103, 106, 136, 160, 161
Gammon, G. D. 46, 65, 164
Gandhy, P. R. 69, 158
Garfinkel, B. D. 20, 51, 145, 154, 161
Garmezy, N. 19, 160
Garrison-Jones, C. V. 112, 139
Gatsonis, C. 47, 150
Gebert, A. 114, 152
Gehring, A. 112, 156
Geisel, B. 70, 132, 143
Geller, B. 19, 44, 145
Gershon, E. S. 59, 60, 153
Gibbons, F. 20, 144
Gibbons, R. 60, 157
Girgus, J. S. 101, 106, 155
Gittelman (-Klein) R. 20, 27, 142, 157
Glaser, K. 15, 145
Goetz, D. 50, 158
Goetz, R. 50, 157, 158
Golombek, H. 20, 145, 154
Gordon, N. H. 90, 91, 151, 163
Gordon-Leventon, B. 55, 158
Gotlib, I. H. 20, 142
Graham, P. 55, 160
Grapentine, W. L. 52, 155, 161
Graves, A. 111, 159
Green, B. J. 101-103, 162
Green, J. 112, 163
Greenhill, L. L. 40, 47, 157
Gresham, F. M. 95-99, 104, 141, 144, 148
Grimes, K. 68, 164
Grossman, J. A. 41, 44, 60, 145, 153, 157
Guze, S. B. 26, 29, 144
Haley, G. M. T. 44, 77, 79, 80, 102, 103, 107, 108, 145, 153, 154

Hamilton, M. 59, 145
Handal, P. J. 40, 41, 107, 152
Hanlon, C. 50, 157
Harper, J. 22, 145
Harrington, R. C. 47, 146
Hart, K. J. 106, 162
Hassan, J. 22, 156
Heimberg, R. G. 20-22, 164
Helsel, W. J. 100, 104, 106, 146
Helzer, J. E. 58, 159
Hensley, V. R. 76-80, 100, 106, 107, 160
Herjanic, B. 58, 68, 69, 146, 158
Herjanic, M. 68, 146
Hersen, M. 55, 151, 155, 160
Hetherington, E. M. 160
Hinkley, K. 83, 84, 159
Hippius, H. 156
Hirsch, M. 62, 64, 141
Hoberman, H. M. 20, 151
Hoch, P. H. 160
Hodges, K. K. 19, 58, 68, 108, 146, 147
Hoeper, E. W. 42, 44, 147
Hoier, T. S. 20, 55, 56, 146, 149
Hokoda, A. 106, 144
Holcomb, W. R. 42, 147
Hole, G. 154
Hong, G. K. 112, 147
Horwitz, E. 42, 147
Howell, C. T. 54, 138
Huber, H. 46, 117, 146
Hudson, I. 83, 84, 86, 140
Husain, A. 19, 147
Ivens, C. 55, 56, 65, 146, 158
Iyengar, S. 43, 160
Izard, C. E. 20, 106, 140, 157, 160
Jacobs, J. 112, 145
Jacobsen, R. H. 91, 103, 106, 146
Jaffe, Y. 151
Janke, W. 149

Janowski, A. 120, 165
Jar-Chi, L. 63, 138
John, K. 46, 65, 164
Johnson, J. 42, 163
Johnson, R. 63, 64, 155
Joshi, P. T. 59, 146
Kalas, R. 58, 67, 68, 142, 143
Kaplan, S. L. 112, 147
Kashani, J. H. 14, 19, 20, 40-42, 44, 46, 112, 147, 148
Kaslow, N. J. 20, 101-103, 106, 148, 161
Kazdin, A. E. 11, 19, 21, 41, 50, 55, 61, 62, 76, 77, 79, 81, 100, 101, 106, 107, 148, 149
Keller, M. B. 39, 43, 46, 139, 149, 151
Kelley, M. L. 112, 141
Kelly, E. M. 22, 145
Kelly, M. M. 93, 102, 103, 136, 160
Kendall, P. C. 11, 55, 149
Kendell, R. E. 53, 149
Kerr, M. M. 20, 55, 56, 146, 149
Kessler, M. D. 58, 67, 142
Kielholz, P. 152, 154-156
Kidd, K. K. 19, 28, 156
Klaric, S. H. 58, 67, 142
Kleebauer, E. 117, 149
Klein, R. 51, 161
Klerman, G. L. 43, 139
Kline, J. 58, 68, 108, 146
Klinedinst, J. K. 111, 165
Klünder, A. 110, 152
Koehler, K. 30-32, 35, 38, 134, 149, 165
Köferl, P. 110, 152
Kohnen, R. 114-116, 118, 149, 152
Kolvin, I. 22, 150
Kovacs, M. 17, 19, 21, 47, 48, 59, 66, 99-103, 107, 150

Kratochwill, T. R. 159
Kristopheritsch, E. 46, 116, 117, 150, 160
Kuperman, S. 40, 151
Lachar, D. 111, 165
Lahey, B. B. 91, 103, 106, 146
Lang, M. 74-79, 81, 151, 163
Lann, I. S. 55, 138, 144, 160
Laroche, C. 21, 151
Larsson, B. 112, 151
Laseg, M. 65, 139
Last, C. G. 55, 151, 155, 160
Laucht, M. 70, 132, 143
Lavori, P. W. 43, 46, 139, 151
Layne, C. 100, 151
Lefkowitz, M. M. 18, 19, 87-92, 100, 151, 163
Leitenberg, H. 105, 151
Lempp, R. 155
Lewinsohn, P. M. 20, 151
Lewis, D. O. 19, 28, 152
Lewis, M. 19, 28, 152
Lienert, G. A. 114, 115, 118, 152
Lindsay, P. 106, 161
Ling, W. 25, 46, 152
Lipovsky, J. A. 58, 152
Lobert, W. 101, 113, 114, 118, 121, 152
Lobovits, D. A. 40, 41, 107, 152
López Ibor, J. J. 22, 152
Lösel, F. 110, 152
Lowe, T. L. 10, 152
Lubin, B. 111, 143
Lukens, E. 50, 158
Mabe, P. A. 100, 106, 163
Maier, J. 123, 156
Marriage, K. 44, 77, 79, 80, 102, 103, 107, 108, 145, 153, 154
Marx, N. 40, 47, 157
Mash, E. J. 55, 153
Matson, J. L. 55, 100, 104, 106, 136, 145, 146, 153, 158, 165

Mayhall, C. 102, 103, 109, 154
McAllister, J. A. 42, 44, 147
McCauley, E. 44, 46, 153
McConaughy, S. H. 54, 110, 138
McConville, B. J. 20, 153
McEnroe, M. J. 94, 140
McGee, R. O. 41, 68, 106, 147, 153, 165
McIntosh, J. A. 101, 108, 144, 161
McKinney, W. T. 27, 142
McKnew, D. H. 16, 17, 19, 30, 41, 58-60, 68, 108, 142, 146, 147, 153
Melin, L. 112, 151
Mendelson, M. 99, 112, 139
Merikangas, K. R. 46, 65, 164
Metz, C. 63, 138
Meyer, N. E. 106, 153
Mezzich, A. C. 112, 153
Mezzich, J. E. 112, 153
Middleton, M. R. 75, 77, 78, 139
Millar, E. 41, 148
Miller, M. D. 44, 145
Miller, S. M. 19, 152
Milne, J. H. 102-104, 162
Mitchell, J. 44, 46, 153
Mock, J. 99, 112, 139
Mokros, H. B. 40, 60, 153, 157
Monreal, P. 111, 142
Moretti, M. M. 44, 77, 79, 80, 102, 103, 107, 108, 145, 153, 154
Moser, C. 117, 154
Moses, T. 65, 139
Moss, S. J. 44, 153
Munoz, R. 26, 29, 144
Narrol, H. 106, 161
Nelson, B. 43, 160
Nelson, R. O. 107, 159
Nelson, W. M. 102-104, 109, 154, 156

Nesselroade, J. R. 141
Nevermann, C. 94, 101, 114, 118, 122-124, 136, 154
Nickel, H. 120, 165
Nieminen, G. S. 136, 153
Nissen, G. 13, 16, 20, 113-115, 140, 154, 155, 162
Noam, G. G. 68, 164
Nolen-Hoeksema, S. 101, 106, 155
Norvell, N. 106, 109, 155
Novacenko, H. 50, 158
Nurcombe, B. 52, 155, 161
Offord, D. R. 41, 144
Oftedal, G. 25, 46, 152
Ollendick, T. H. 55, 155
Orvaschel, H. O. 19, 28, 42, 46, 62-65, 67, 95-97, 139, 147, 155, 156, 164
Padian, N. 95-97, 164
Paez, P. 62, 64, 141
Pallmeyer, T. P. 136, 165
Palmer, D. J. 108, 139
Parker, D. R. 112, 148
Parker, J. B. 106, 164
Parmelee, D. X. 106, 164
Paulauskas, S. L. 47, 150
Penick, E. C. 25, 27, 46, 164
Perlwitz, E. 123, 156
Peterson, C. 101, 102, 106, 148, 161
Petrinack, R. J. 106, 153
Petti, T. A. 19, 20, 55, 59, 61, 149, 156
Pfefferbaum, B. 108, 139
Pflug, B. 154
Pichot, P. 22, 156
Pincus, H. 51, 161
Podorefsky, D. L. 43, 139
Polaino, A. 111, 144
Pöldinger, W. 112, 156
Politano, P. M. 102-104, 109, 154, 156

Pollock, M. 47, 150
Poustka, F. 57, 62, 69, 156
Poznanski, E. O. 20, 40, 44, 59, 60, 145, 153, 156, 157
Prabucki, K. 63, 138
Price, D. T. 44, 145
Prusoff, B. A. 46, 65, 164
Puig-Antich, J. 10, 19, 28, 40, 43, 44, 47, 50, 58, 62-64, 141, 155, 157, 158, 160
Quay, H. C. 51, 54, 138, 158
Rabinovich, H. 43, 160
Radloff, L. S. 95, 158
Rancurello, M. D. 50, 106, 149
Rapoport, J. L. 72, 133, 158
Raskin, A. 17, 142, 150, 161
Ratcliff, K. S. 58, 159
Rauer, W. 120, 165
Ray, J. S. 42, 147
Read, P. B. 20, 157, 160
Reams, R. 112, 145
Rehm, L. P. 20, 55, 56, 65, 101-103, 106, 146, 148, 158
Reich, W. 58, 68, 69, 146, 158
Reicher, H. 123, 125, 158
Reid J. C. 42, 44, 46, 112, 147, 148
Remschmidt, H. 57, 110, 155, 156, 158
Reynolds, W. M. 20, 21, 101-103, 106, 111, 113, 136, 159
Rice, J. 46, 165
Richards, C. 47, 48, 150
Rickard, K. 106, 164
Rie, H. E. 14, 159
Rintoul, B. 106, 165
Robins, A. J. 41, 147
Robins, C. J. 83, 84, 159
Robins, E. 26, 29, 144, 162
Robins, L. N. 58, 159
Robinson, D. 43, 160
Rochlin, G. 14, 159

Rodgers, A. 61, 62, 77, 81, 106, 107, 148, 149
Romano, B. A. 107, 159
Roschitz, D. 117, 159
Rosenbaum, M. 151
Rosenberg, T. K. 42, 44, 147
Rossmann, P. 20, 46, 116, 123, 125, 158-160
Rotundo, N. 76-80, 100, 106, 107, 160
Routh, D. K. 51, 72, 158, 160
Royl, W. 120, 161
Ruggiero, L. 95-99, 104, 141, 144
Russell, A. T. 85, 86, 139
Rutman, J. 25, 27, 46, 164
Rutter, M. 19, 20, 22, 53, 55, 138, 144, 157, 160
Ryan, N. D. 43, 46, 50, 158, 160
Sartorius, N. 163
Saß, H. 30-32, 35, 38, 134, 149, 165
Saunders, W. 68, 146
Saylor, C. B. 92, 106, 161
Saylor, C. F. 92, 93, 101-103, 106, 108, 136, 144, 160, 161, 165
Schloredt, K. 46, 153
Schmidt, M. H. 57, 155, 156, 158
Schneider-Rosen, K. 20, 142
Schulterbrandt, J.G. 17, 142, 150, 161
Schürmann, M. 114, 120, 121, 124, 125, 162
Schwab-Stone, M. 68, 164
Schwartz, M. 106, 161
Schwarzer, R. 120, 161
Scioli, A. 52, 155, 161
Scott, W. O. N. 112, 141
Seat, P. D. 111, 165
Seifer, R. 52, 155, 161
Selbach, H. 156
Seligman, M. E. P. 101, 102, 106, 148, 155, 161

Shaffer, D. 51, 161
Shapiro, R. W. 39, 149
Shapiro, S. K. 51, 158
Shekim, W. O. 19, 147
Sherick, R. B. 50, 106, 107, 149
Sherman, D. D. 14, 20, 112, 148
Shoemaker, O. S. 93, 136, 161
Sholomskas, D. 46, 164
Siegel, A. W. 101-103, 106, 148
Silva, P. A. 68, 106, 147, 153, 165
Silverman, W. K. 20-22, 93, 164
Simeon, J. G. 21, 162
Simonds, J. F. 40, 41, 148
Smith, A. 106, 164
Smith, K. A. 46, 106, 117, 145, 162, 163
Smucker, M. R. 101-103, 162
Solodow, W. 88, 151
Sorenson, S. B. 104, 156
Spence, S. H. 102-104, 162
Spirito, A. 93, 101-103, 106, 108, 161, 162
Spitz, R. A. 14, 162
Spitzer, R. L. 29, 52, 53, 58, 143, 161, 162
Städeli, H. 16, 17, 57, 162
Stark, L. J. 106, 162
Steinhausen, H. C. 56, 162
Stern, L. 58, 68, 108, 146
Stevens, J. S. 106, 164
Stewart, M. A. 40, 151
Stiensmeier (-Pelster), J. 101, 114, 118, 120, 121, 124, 125, 162
Stone, K. 68, 164
Stowe, M. L. 108, 139
Strauss, C. C. 91, 103, 106, 146, 162, 163
Strober, M. 20, 55, 112, 163
Strunk, P. 155
Sullivan, L. 25, 27, 46, 164
Tabrizi, M. A. 50, 62-64, 141, 155, 157

Tanenbaum, R. L. 101, 102, 106, 148, 161
Tarnowski, K. J. 108, 138
Terdal, L. G. 55, 153
Teri, L. 20, 112, 151, 163
Tesiny, E. P. 87-92, 100, 151, 163
Thompson, J. 50, 157
Thorpe, J. S. 119, 140
Tisher, M. 74-77, 79, 81, 151, 163
Todak, G. 50, 158
Toolan, J. M. 13, 15, 19, 21, 28, 163
Towle, P. O. 106, 109, 155
Trad, P. V. 20, 42, 163
Tramontana, M. G. 52, 155
Treiber, F. A. 100, 106, 163
Trott, G.-E. 20, 114, 140, 145
Tryon, C. M. 87, 163
Tuma, A. H. 55, 138, 144, 160
Twomey, J. 43, 160
Tyano, S. 20, 65, 139
Unis, A. S. 61, 101, 106, 107, 149
Velez, C. N. 42, 163
Venzke, R. 41, 148
Verhulst, F. C. 21, 52, 54, 138, 163
Vermilyea, J. A. 20-22, 164
Versi, M. 20, 149
Volkmar, F. 52, 161
Vosk, B. 106, 164
Wagner, J. W. L. 120, 164
Walsh-Allis, G. 46, 155
Walter, R. 110, 158
Walton, L. A. 41, 147
Ward, C. H. 99, 112, 139
Ward, L. G. 93, 164
Warner, V. 46, 65, 164
Wasserman, A. A. 106, 165
Watson, J. S. 27, 142

Weinberg, W. A. 25, 27, 46, 140, 152, 164
Weinhold, C. 112, 147
Weinstein, S. H. 68, 164
Weiss, B. 100-104, 106, 164, 165
Weissman, M. M. 19, 28, 46, 65, 95-97, 156, 164
Weisz, J. R. 100-104, 106, 164, 165
Weitzman, E. D. 50, 157
Welner, Z. 46, 69, 158, 165
Wendel, N. 102, 103, 109, 154
Wenzel, T. 154, 159
Werry, J. S. 20, 55, 163
Wheatt, T. 68, 146
Wickramaratne, P. 65, 164
Widinger, T. 52, 161
Wieczerkowski, W. 120, 165
Wierzbicki, M. 100, 109, 165
Wiggins, J. S. 88, 165
Williams, C. A. 106, 162
Williams, S. 41, 68, 106, 147, 153, 165
Winder, C. L. 88, 165
Winokur, G. 26, 29, 144
Wirt, R. D. 111, 165
Witt, J. C. 148
Wittchen, H. U. 31, 32, 35, 38, 134, 165
Wolfe, V. V. 136, 165
Wolff, S. 83, 84, 86, 140
Woodruff, R. A. 26, 29, 144
Yanish, D. L. 112, 165
Yates, E. 44, 145
Ye, W. 46, 155
Yost, L. W. 106, 151
Zapotoczky, H.-G. 154, 159
Zaudig, M. 31, 32, 35, 38, 134, 165
Zeichner, A. 10, 165
Zeman, D. J. 104, 156
Zubin, J. 162

Sachregister

Aggressives Verhalten 22, 25, 26, 105, 126
Agitiertes Verhalten 15, 115, 117, 124, 126, 127
Affektive Störungen, Biologische Aspekte 10, 50
- Familiäre Häufung 45f
- Komorbidität 39, 43f,49
- Prävalenz 40f
- Verlauf 47f
Alterseffekte 77, 84, 89, 96, 103, 124, 126
Angst 15, 43, 44, 49, 64, 65, 66, 106, 115, 117, 120, 121
Anhedonie 29, 30, 107
Antidepressive Medikation 22f, 46f
Antisoziales Verhalten 22, 44
Appetitstörungen 18, 26, 29, 35, 38
Attributionsstil 85, 90, 91, 93, 106, 121
Aufmerksamkeitsstörung 62, 66
Delinquenz 15, 106, 109
Dependenz 116, 117
Depressionsbegriff, nosologische Ebene 12
- Symptomebene 11
- Syndromebene 11, 13f, 34
Depressive Äquivalente 15f, 21f
Depressive Neurose 37f
Dexamethason-Suppressions-Test 50
Diagnostische Datengewinnung 55f
Diagnostische Kategorien (DSM-III und DSM-III-R)
- Affektive Störungen 30f
- Anpassungsstörung Mit Depressiver Verstimmung 33, 48
- Bipolare Störungen 30, 33f
- Bipolare Störung, Depressiv 33f
- Bipolare Störung, Gemischt 33f
- Bipolare Störung, Manisch 33f
- Depressive Störungen 33f
- Dysthyme Störung 30, 33f, 37f, 43f, 49
- Major Depression 30, 33f, 40f, 48
- Major Depression, Einzelepisode 33f
- Major Depression, Rezidivierend 33f
- Nicht Näher Bezeichnete Bipolare Störung 33f
- Nicht Näher Bezeichnete Depressive Störung 33f
- Nicht Näher Bezeichnete Psychotische Störung 37
- Psychotische Störungen, die Nicht Andernorts Klassifiziert Sind 33
- Schizoaffektive Störung 33
- Schizophrenie 30, 36
- Schizophreniforme Störung 36
- Wahnhafte (paranoide) Störung 30, 37
- Zyklothyme Störung 30, 33, 37
Diagnostische Kriterien nach DSM-III 30
- DSM-III-R 31f
- DSM-IV 51
- Feighner 29
- ICD-10 129
- NIMH 27f
- RDC 29
- Weinberg 25f
Dimensionale Ansätze 54, 71f, 128f, 133f
"Doppelte Depression" 39, 43, 49

Dysphorische Stimmung 26, 27, 29, 30, 35, 126
Elternratings 60, 61, 62, 63, 65, 67, 68, 69, 70, 79, 80, 81, 97, 98, 107, 111, 122, 130
Energieverlust 25, 26, 29, 36, 38, 126
Entscheidungsunfähigkeit 36, 38
Episode, Depressive 34f
- Hypomanische 34
- Manische 34
Faktorenanalytische Ansätze und Ergebnisse 54, 78, 84, 89, 96, 103f, 115f, 119, 121, 123, 126, 130, 136
Fragebogentests 70f
- Battle's Depression Inventory for Children 111
- Beck Depression Inventory BDI 112
- Center for Epidemiological Studies Depression Scale for Children CES-DC 95f
- Child Behavior Checklist CBCL 54, 110
- Children's Depression Adjective Check List C-DACL 111
- Children's Depression Inventory CDI 99f, 118f
- Children's Depression Scale CDS 74f
- Depression Self-Rating Scale DSRS 82f
- Depressionsinventar für Kinder und Jugendliche DIKJ 114, 118f, 121f, 132
- Depressionstest für Kinder DTK 128f, 132
- Face Valid Depression Scale 112
- Peer Nomination Inventory of Depression PNID 87f
- Personality Inventory for Children PIC 111
- Questionnaire in Child Depression 115f
- Reynolds Adolescent Depression Scale RADS 112
- Reynolds Child Depression Scale RCDS 111
- Wiggins and Winder Peer Nomination Inventory 88
Gewichtsveränderung 25, 26, 29, 35
Geschlechtsunterschiede 49, 77, 84, 96, 102, 120, 124, 126
Guess-who-Technik 87
Halluzinationen 30, 35, 36
Hoffnungslosigkeit 38, 85, 79, 106
Jugendalter 42, 112f
Kategoriale Ansätze 52f, 128f, 133f
Klassifikationsprobleme 43f, 50f, 129
Klinische Interviews und Ratingskalen 58f
- Bellevue Index of Depression BID 59, 61f
- Child Assessment Schedule CAS 58, 68
- Children's Affective Rating Scale CARS 59f
- Children's Depression Rating Scale CDRS 59f
- Diagnostic Interview for Children and Adolescents DICA 58, 68f
- Diagnostic Interview Schedule for Children DISC 58, 67f
- Interview Schedule for Children ISC 59, 66f
- Johns Hopkins Depression Checklist for Children HDCL-C 59
- Mannheimer Elterninterview MEI 70, 132

- Schedule for Affective Disorders and Schizophrenia for School-Aged Children Kiddie-SADS 58, 62f
Kognitive Verzerrungstendenzen 106
Kognitives Tempo 106
Konzentrationsprobleme 26, 29, 36, 38
Kopfschmerz 16, 25
Larvierte Depression 15f, 21f
Lehrerratings 68, 90, 91, 93, 111
"Mood Disorders" 31f
Müdigkeit 36, 126
Multitrait-Multimethoden-Ansätze 93, 136
Peer-Nomination-Technik 87f
Popularität 88, 91, 92, 106
Projektive Tests 17, 57, 58
Psychische Störungen der Eltern 46
Psychomotorik 29, 36
Psychosomatische Beschwerden 16, 124, 126
Schlafstörungen 25, 26, 29, 36, 38, 50
Schuldgefühle 28, 29, 36
Schulleistung 25, 91
Schulphobie 22, 25
Schulschwierigkeiten 15, 16, 26, 79
Selbstwertprobleme 26, 36, 38, 77, 79, 85, 90, 106, 120, 124, 126
Sozialverhalten 25, 26, 29, 92, 94, 106, 117
Stimmungsschwankungen 116
Suizidtendenzen 29, 36, 75, 119, 122
Symptomatologie 13f
Syndrom, Depressives 34f
- Hypomanisches 34
- Manisches 34
Trauerreaktion 30, 36
Trennungsangst 43, 44
"Typische Depression" 32
Überich 14
Verhaltensstörungen 22, 43, 44, 47, 62, 80, 106, 109
Vorschulalter 42
Wahnideen 30, 35, 36
Wortassoziationen 123
Zwangssymptome 43
Zwillingsuntersuchung 109